中国财政科学研究院智库丛书

政府预算报告的国际比较与借鉴

马洪范　等著

中国财经出版传媒集团
中国财政经济出版社

图书在版编目（CIP）数据

政府预算报告的国际比较与借鉴／马洪范等著．—北京：中国财政经济出版社，2018.9

（中国财政科学研究院智库丛书）

ISBN 978－7－5095－8430－9

Ⅰ.①政… Ⅱ.①马… Ⅲ.①国家预算-预算报告-对比研究-中国、国外 Ⅳ.①F812.3

中国版本图书馆 CIP 数据核字（2018）第 179617 号

责任编辑：胡　博　庄　莉　　　　　责任校对：杨瑞琦

中国财政经济出版社 出版

URL：http：//www.cfeph.cn

E－mail：cfeph @ cfeph.cn

（版权所有　翻印必究）

社址：北京市海淀区阜成路甲28号　邮政编码：100142

营销中心电话：010－88191537　北京财经书店电话：64033436　84041336

中煤（北京）印务有限公司印刷　各地新华书店经销

787×1092 毫米　16 开　12 印张　205 000 字

2018 年 9 月第 1 版　2018 年 9 月北京第 1 次印刷

定价：48.00 元

ISBN 978－7－5095－8430－9

（图书出现印装问题，本社负责调换）

本社质量投诉电话：010－88190744

打击盗版举报热线：010－88191661　QQ：2242791300

中国财政科学研究院智库丛书

编 委 会

编委会主任 刘尚希
编委会委员 罗文光　　白景明　　傅志华
　　　　　　　程北平　　杨远根

总　序

党的十八届三中全会在明确"完善和发展中国特色社会主义制度，推进国家治理体系和治理能力现代化"这一全面深化改革总目标的同时，提出了"财政是国家治理的基础和重要的支柱"的重要判断，充分彰显出财政在国家治理现代化之中的地位与作用。

强调发挥财政在国家治理中的基础和重要支柱作用，是与我国经济社会发展阶段相联系的。在改革开放初期，政府的作用是促进改革和开放，财政改革主要是推动政府职能转换、改进政府与市场关系，让市场在资源配置中发挥更大的作用。随着我国经济社会转型进入新的阶段、国家实力逐渐增强以及大国财政使命的提出，财政在改革和发展中的作用日趋多样化、全方位，涉及经济、政治、社会、文化、生态文明建设各个领域。

在市场经济不断发展的基础上，社会结构及其整个上层建筑都发生了极大变化，社会成员利益关系变得复杂起来。在经济进入新常态的背景下，这种复杂的利益关系对于财政在国家治理中作用的发挥是一个新的考验。改革开放初期，财政政策着眼于关注国内，对于国际环境关注不多，现在财政政策的一举一动都对世界经济产生重要影响；改革开放初期，财政主要解决温饱问题，经济建设成为财政工作的突出任务，现在财政既要解决发展问题，又要解决改革问题，经济、社会、政治、文化和生态文明要协同发展；改革开放初期，中央和地方财政实力虽然都较弱，但地方政府债务也少，现在国家财政实力快速扩张过程中也面临着地方政府债务特别是或有债务快速扩张的问题，财政自身可持续性发展面临挑战。

财政作为国家治理的基础正在发生多维变化。改革开放初期，财政主要从经济维度发挥国家治理基础性作用，主要是处理好政府与市场的关系；在经济社会转型、利益关系多元化背景下，财政要从多维度支撑国家治理：既有国家与市场的维度，也有国家与社会（个人）的维度，以及公共部门内部（包括中央与地方、政府部门之间）的维度。

随着财政发挥作用的多维变化，财政理念也随之发生变化。改革开放初期，政府在市场失灵的领域提供公共服务；随着时代的进步，政府承担的各种责任（城镇化、养老、医疗、教育、环境保护等）在不断增加，在政府能力有限的情况下，政府与社会资本合作呼之欲出。政府和社会资本合作打破了传统主流经济学、财政学的基本看法：政府与市场是水火不相容的，二者是对立的；公共服务领域是市场失灵的领域，只能由政府来干。过去注重政府与市场之间的分工，现阶段则注重在分工基础上的合作。政府与市场关系需要进行再改革，一些新的问题又随之产生：在多元主体提供公共服务的同时如何保障社会公共利益，如何理顺政府与社会的关系，如何理顺政府内部如中央和地方之间、政府各部门之间的关系等。财政全方位、深层次嵌入国家治理体系和治理能力现代化之中，带来了许多需要用全新理论诠释的问题，也考验着各方面的智慧。

面对新阶段、新形势和新任务，财政如何有效支撑和推动国家治理现代化更需要新思路、新思想，财政智库或财政思想库也应运而生。可以说，财政智库是财政有效支撑和推动国家治理现代化的思想源泉，也是点亮财政作用于国家治理的"智慧之灯"。发达国家在财政现代化和国家治理体系与治理能力现代化过程中，财政智库的作用功不可没。要发挥好财政作为国家治理基础与重要支柱的职能作用，财政智库的基础性作用更是不可替代。

第一，财政智库是推进国家治理决策的科学化、民主化和法制化的重要支撑。当前，全面建成小康社会进入决定性阶段，破解财政改革发展稳定难题和应对全球性问题的复杂性艰巨性前所未有，迫切需要健全中国特色的财政决策支撑体系，大力加强财政智库建设，以财政科学咨询支撑财政治理的科学决策、民主决策和依法决策，以财政科学决策引领科学发展。

第二，财政智库是国家治理体系和治理能力现代化的重要内容。纵观当今世界各国现代化发展历程，智库在国家治理中发挥着越来越重要的作用，日益成为国家治理体系中不可或缺的组成部分，是国家治理能力的重要体现。全面深化改革，推进国家治理体系和治理能力现代化，推动协商民主广泛多层制度化发展，建立更加成熟更加定型的制度体系，必须切实加强中国特色新型财政智库建设，充分发挥智库在治国理政中的重要作用。

第三，中国特色新型财政智库是国家软实力的重要组成部分。一个大国的发展进程，既是经济等硬实力提高的进程，也是思想文化等软实力提高的进程。智库是国家软实力的重要载体，越来越成为国际竞争力的重要因素，在对外交往中发挥着不可替代的作用。树立社会主义中国的良好形象，推动中华文化和当代中国价值观念走向世界，在国际舞台上发出中国声音，迫切需要发挥中国特色财政新型智库在公共外交中的重要作用，不断增强我国在国际财经和公共事务的国际影响力和国际话语权。

正是考虑到智力资源是一个国家、一个民族最宝贵的资源，考虑到我国智库发展面临的各种瓶颈，2015年1月，中共中央办公厅、国务院办公厅印发了《关于加强中国特色新型智库建设的意见》，提出加强智库建设整体规划和科学布局，统筹整合现有智库优质资源，重点建设50~100个国家急需、特色鲜明、制度创新、引领发展的专业化高端智库。

中国财政科学研究院的前身财政部财政科学研究所（财科所），于1956年根据毛泽东主席的指示而成立，2016年2月正式更名。60年前财科所成立之初，就定位为政府部门的政策咨询机构，以探索我国财政经济问题和培养财政、会计专门人才为己任，为党中央和国务院中心工作服务，为财政经济发展的现实服务。为此，一代又一代财政科研人员为我国财政科研事业做出重要贡献。60年后的今天，中国财政科学研究院正致力于转型、创新，努力创建一流新型智库。

根据智库建设与发展的规划，本院推出"中国财政科学研究院智库丛书"。该丛书内容既包括本院各年度重要《研究报告》的文集，也包括本院承担完成的一些重大科研项目成果,以及本院研究人员研究、撰写的各类专著。目的在于集中展示财科院的科研成就,扩大科研成果的宣传和社会效果,全面提升财科院的智库影响力。

不忘初心,砥砺前行。我们将明确智库建设的宗旨,在传承既有科研优势和办院特色的基础上,探寻新型高端智库建设的途径,潜心探索财政与国家治理的新理论、新观点、新思路、新对策,与各界同仁一道,共同致力于现代财政制度建设,开创国家治理现代化之美好未来。

"中国财政科学研究院智库丛书"编委会

2016 年 7 月

目 录

总报告：政府预算报告的国际比较与借鉴……………………………（ 1 ）
    一、政府预算报告的理论分析………………………………………（ 1 ）
    二、部分国家政府预算报告的历史沿革与发展 ……………………（ 7 ）
    三、政府预算报告的国际比较与经验总结 …………………………（ 11 ）
    四、政府预算报告与预算编制及管理的关系分析 …………………（ 16 ）
    五、对我国的启示与借鉴……………………………………………（ 22 ）

分报告 1：英国政府预算报告分析与借鉴…………………………（ 39 ）
    一、政府预算报告的发展历史………………………………………（ 39 ）
    二、政府预算报告的框架与主要内容………………………………（ 41 ）
    三、政府预算报告的特点……………………………………………（ 46 ）
    四、对我国的启示和借鉴……………………………………………（ 48 ）

分报告 2：德国联邦政府预算报告分析与借鉴……………………（ 52 ）
    一、预算报告的法律依据……………………………………………（ 52 ）
    二、预算报告的范围界定……………………………………………（ 54 ）
    三、预算报告的框架和主要内容……………………………………（ 56 ）
    四、预算报告的编制与执行流程……………………………………（ 60 ）
    五、对我国的启示与借鉴……………………………………………（ 62 ）

分报告 3：美国联邦政府预算报告分析与借鉴……………………（ 65 ）
    一、联邦预算报告的发展历史………………………………………（ 65 ）
    二、联邦预算报告的框架与主要内容………………………………（ 68 ）
    三、联邦预算报告的特点……………………………………………（ 72 ）
    四、对我国的启示与借鉴……………………………………………（ 78 ）

分报告 4：加拿大联邦政府预算报告分析与借鉴…………………（ 82 ）
    一、联邦政府预算报告概况…………………………………………（ 83 ）
    二、联邦政府预算报告的历史沿革…………………………………（ 85 ）

三、现行联邦政府预算报告的简要介绍 ………………………（87）
　　四、预算报告的形成及其与立法机构和公众的沟通机制 ………（93）
　　五、对我国的启示与借鉴 ………………………………………（97）

分报告 5：澳大利亚联邦政府预算报告分析与借鉴 ……………（101）
　　一、联邦政府预算报告概况 ……………………………………（101）
　　二、联邦政府预算改革历程 ……………………………………（104）
　　三、现行联邦政府预算报告的框架与内容 ……………………（108）
　　四、预算报告的形成及其与立法机构和公众的沟通机制 ……（113）
　　五、对我国的启示与借鉴 ………………………………………（114）

分报告 6：日本政府预算报告分析与借鉴 ………………………（118）
　　一、政府预算报告相关理论 ……………………………………（118）
　　二、政府预算报告的历史沿革与现行做法 ……………………（119）
　　三、政府预算报告的框架与内容 ………………………………（121）
　　四、与我国预算报告的比较及启示 ……………………………（125）

分报告 7：韩国政府预算报告分析与借鉴 ………………………（132）
　　一、预算报告的框架与内容 ……………………………………（132）
　　二、预算报告的法律依据与编制主体 …………………………（137）
　　三、政府预算报告的特色与做法 ………………………………（138）
　　四、对我国的启示与借鉴 ………………………………………（141）

分报告 8：香港特区政府预算报告分析与借鉴 …………………（143）
　　一、香港特区政府预算案的概况 ………………………………（143）
　　二、香港特区政府预算案的框架和内容 ………………………（144）
　　三、政府预算案的编制流程及与立法机构和公众的沟通机制 …（148）
　　四、香港特区政府预算案的公开程度 …………………………（150）
　　五、对我国内地政府的启示与借鉴 ……………………………（151）

分报告 9：我国政府预算报告的调查与分析 ……………………（155）
　　一、政府预算报告的概念与定位 ………………………………（155）
　　二、关于政府预算报告的观点综述 ……………………………（157）
　　三、人大代表和社会公众对政府预算报告的诉求 ……………（159）
　　四、当前我国政府预算报告存在的主要问题 …………………（160）
　　五、完善我国政府预算报告的几点建议 ………………………（162）

分报告 10：国外政府预算报告与我国的比较分析 …………………（166）
 一、预算报告相关理论 ……………………………………………（166）
 二、国外预算报告的演变 …………………………………………（168）
 三、国外预算报告的经验总结 ……………………………………（169）
 四、国外预算报告和我国的比较与启示 …………………………（173）
后　记 ………………………………………………………………（177）

总报告：政府预算报告的国际比较与借鉴

政府预算报告（以下简称"预算报告"）是政府向立法机关提交的关于未来一定时期（通常是一个财政年度）的财政收支和运行状况进行概括和呈现的政策及法律文件。狭义的理解是财政部长（厅局长）代表政府提交给立法机关的预算执行情况和下一年度预算草案的报告，以及部门预算草案及附表。广义的理解还包括财政部门代表政府向立法机关提交的预算执行情况报告、预算决算报告以及绩效管理报告等内容。相比而言，主要发达国家预算编制经过长期持续发展，已经成为一种集政治、规划、管理、财务、沟通、技术于一体的重要活动，形成了比较成熟的预算报告体系，国外预算报告的编制、体例和内容等具体做法，对促进我国预算报告的改进与完善具有重要的启示与借鉴意义。

一、政府预算报告的理论分析

（一）政府预算报告的概念

党的十八届三中全会指出"要改进预算管理制度，实施全面规范、公开透明的预算管理制度"，党的十九大报告进一步指出"建立全面规范透明、标准科学、约束有力的预算制度，全面实施绩效管理。"建立现代预算制度已成为当前及未来一段时期我国政府预算制度改革的具体目标，预算报告是现代预算制度的重要组成内容之一，政府预算的活动必须形成一个以数据和文字说明相结合的文本文件，这就是预算报告，它通过对财政收支活动进行总结和展望，能够折射和反映出政府的治理、战略及其具体活动。

如何理解预算报告，OECD相关研究①指出，透明度是国家治理的关键要素，政府预算的公开与透明，既是现代财政制度的基本特征，也是现代国家治理的题中之义，体现了政府与公众之间、立法机构与行政部门之间、政府首脑与政府各部门之间的委托—代理关系，预算的编制和审批过程实质上是委托人和代理人之间的信息交换过程，也是委托人和代理人之间订立契约的过程。在此意义上，政府预算报告可以看作是该契约的呈现形式，是对预算信息及时、系统的披露。

世界银行报告②认为，政府提交立法机关审查的预算信息应当完整，包含预算评估和财政政策评估所需的全部要素，并根据议会立法监管的要求提出拨款计划。同时，还需要提交收入、支出和财政决算。支出包括两部分：一是对需要进行表决的拨款的介绍；二是对以附件形式额外呈现的信息的介绍。对于拨款的估算，部分国家通过"拨款法"授权，部分国家将拨款视为支出分类系统中的一个层次。一些国家预算文件中仅供参考的支出项目（line items）信息多达上千条，增加了阅读难度，因此需要总结性文字（summaries）以增强可读性。最佳数量的界定主要取决于一个国家对于拨款的规定以及政府组织结构的特点。为了更好地介绍拨款，需要添加预算附件和其他文件附件。预算附件包括：功能附件（近几年来支出的增长情况）、方案附件（尤其涉及跨部门方案时）、发展项目或计划（发展预算）附件；其他文件附件包括：各部门有关预算政策的描述、绩效指标、多年期项目中长期成本介绍、多年期估算或公共投资计划等。

美国加拿大政府财政官员协会（Government Finance Officers Association, GFOA）每年组织地方财政部门在一起交流预算管理先进经验，定期将各地一些好的预算管理方法印刷成册，并为政府编制高质量的预算文件及报告提供咨询与技术支持。GFOA制定的预算文件标准已经被美国和加拿大两国大部分地方政府所接受。GFOA建议，预算报告应减少冗余，以更加合理的逻辑关系保证信息表达更加顺畅，预算报告框架主要由六个部分构成：介绍和概述；财务结构、政策及程序；财务摘要；资产及负债；各部门信息；全文标准（术语表、统计、附录部分）。

根据GFOA标准，预算报告作为政府的政策文件以及财务计划，需包含的主要信息包括：（1）一项说明性咨文，在其中应阐明下一财政年度内的政策优先项目和相关问题，并对本预算年度内原定优先项目的重大调整予以说明，详细解

---

① OECD. Best Practices for Budget Transparency [EB/OL]. http://www.oecd.org/dataoecd/33/13/1905258.pdf, 2002.
② CHAPTER 3. BUDGET SYSTEMS AND EXPENDITURE CLASSIFICATION.

释引致调整变化的各种因素；（2）一个概要，在其中列举重要的收入与支出项目，以及其他资金来源和支出用途，用以整体地反映政府预算的资金来源与运用的真实情况；（3）至少要涵盖三年的信息，上年度财政实际收支情况和其他信息、本年度预算或预估实际发生的收支数字，以及在下一年度即建议年度的预算收支数；（4）应对主要收入来源做出预测评估，分析未来增收的潜力和重要的收入变动趋势；（5）应在预算文件的实体部分中反映各项基金余额的预期变化，在提交的预算中要把所有可供拨款使用的各项政府基金余额反映出来；（6）应包括当期债务的数据，说明当期债务水平和法定债务最高限的关系，解释当期债务水平对现行和未来政策操作的影响；（7）应清楚地说明各项预算基金所采用的会计标准，是收付实现制、权责发生制，或是其他会计标准。

从实践层面看，当前世界各国的预算报告并没有统一的格式和范本，上述国际机构的建议为预算报告编制提供了较好的准则，具有一定的参考意义。我们认为，预算报告是对未来一定时期（通常是一个财政年度）的财政收支和运行状况进行概括和呈现的政策及法律文件，预算报告的科学撰写是推进政府预算制度改革、提高政府预算透明度的重要载体。在我国，预算报告是各级财政部门受本级人民政府的委托，向同级人民代表大会报告上一年度财政预算执行情况和本年度预算安排草案的书面文字材料，这也是本课题研究的对象和重点。

（二）政府预算报告的要素构成

在内容上，有些国家的预算报告都包括未来一定时期财政收支和借债情况，这个期限一般是一年，但有的国家的预算报告中还包含了未来几年的中期财政规划。一般而言，财政收入和支出是预算报告中最重要的内容。政府的政策目标通过税收、支出及其两者的结合来实现。具体看，一份预算报告通常包括以下几部分内容：

1. 简短、清晰的概要

在预算报告中，首先应对整个预算报告的内容进行简明扼要的描述，使阅读者在短时间内对预算报告的总体内容及核心思想有一个清晰的了解与把握，例如政府下一年度的财政支出规模有多大，其构成如何；国家或地区总体经济状况会对政府的财政收入产生怎样影响，政府财政收入大体规模有多少；财政收支平衡状况如何，是否会出现财政风险，如何避免财政风险的发生等。

2. 财政支出分析

这一部分是概括下一财年政府将做哪些事，为什么要做这些事，做这些事需要多少财政资金支持，这是预算报告的重点内容，既要理清预算资金配置与政府施政目标及发展战略之间的关联，又要理清预算资金配置与民众需求之间的关联，还要阐明预算资金投入的预期目标和结果。财政支出分析可分为不同的分类方式，有按照功能分类，也有按照经济分类。

3. 财政收入分析

在对财政支出总量及结构进行分析后，就需要对政府未来的财政收入进行预测。我们必须知道有多少钱可以花，否则，支出计划只能算是一个不一定能实现的"愿望清单"。财政收入在很大程度上取决于未来一段时期国家或地区的宏观经济发展状况。因此，需要对面临的宏观经济形势进行简要分析，即未来经济形势会对财政收入带来什么样的影响，未来财政年度财政收入大致处于一个怎样的水平，面临哪些不确定风险，收入结构如何，主要由哪些收入构成，是否会给老百姓带来额外的税收负担等。

4. 财政收支平衡的分析

这一部分主要着眼分析未来财年的财政收支平衡状况，是收大于支，还是支大于收？当收大于支时，超预算收入可为政府化解财政收支矛盾、解决历史欠账、缓和社会冲突提供财力保障，但也可能给国家或地方经济运行带来相当严峻的挑战。当支大于收时，是借债，还是削减支出？预算报告需要对上述问题进行说明，并对选取方案的原因进行详细解释。

5. 保障财政支出合理高效使用的政策措施

政府有责任合理、高效地使用各项财政资源。为此，预算报告要明确说明政府计划采取哪些政策措施和办法，以确保财政资金的每一分钱都能花在该花的地方，并能带来富有成效的社会经济影响。

在给出充分与详细的说明后，预算报告的阅读者即可根据自己掌握的信息以及了解的情况，去评判政府设定的支出总量及结构是否合理，支出的方向是否与国家战略、经济社会发展规划以及老百姓的需求相一致，其中哪几项支出是合理的，哪几项支出不够合理，哪几项支出完全不能成立，还有哪些支出是政府应该投入而没有投入的，以及政府列出各项支出的资金规模与实际需求是否一致。

实践中，不同国家的预算报告的内容和形式基于国情和预算传统的差异而各不相同。以美国为代表的多数国家的预算报告以支出预测为主，而英国的预算报告则以税收及税制改革为主，以大量篇幅阐述税收以及税制改革。以英国2017年春季预算为例，共五章内容中有一章专门讲税收（第三章）。除此以外，支撑文件"税收立法和税率概览"（Overview of tax legislation and rates，OOTLAR）中还列举了当年预算报告中公布的税收政策措施清单、相关影响、立法时间表以及税率表等。此外，很多国家的预算报告中还会有宏观经济形势的回顾与展望，与政府施政纲领交相呼应。

（三）政府预算报告的功能作用

预算报告是国家政治经济政策的指示牌，是国家治理的重要工具，需要反映政府的全部经济活动，具有可问责性、可预测性、透明性和参与性等四大特征。其中，可问责性是要使公职人员明确各自的职责，并采取合理的行动；可预测性是建立在一系列确定、统一、有效的法律法规的基础之上；透明性是指能够利用较低的成本获得有用的相关信息；参与性是指通过多方参与来获得有用的信息，并对政府的行为进行有效监督。实践中，预算报告可以发挥以下四方面重要功能作用。

1. 预算报告是政府活动计划和内容的直观展示

预算报告是对政府预算草案的概括和提炼，它首先是一份政府财务支出计划，随着政府活动领域的不断拓宽，预算内容不断增加，预算报告的内容也随之不断增加。预算报告为政府制定公共规划和提供公共服务提供了方法和手段，也为评价政府活动的效率和成果提供了成本记录、标准或决策依据。

2. 预算报告是政府活动的公示媒介和互动渠道

预算编制、审批、执行、监督与决算过程，就是政府按照公众要求，拿公众之钱办公众之事的过程，也是政府在此过程中接受市场与公众约束与监督的过程。政府活动通常非常复杂，无论是社会公众还是政府内部人员往往不能全面了解政府活动。通过预算报告来对政府活动进行概括和说明，便于立法机构、政府各部门及社会公众了解政府预算的内容、变化及其决策依据，既是实施预算监督的需要，也能起到沟通信息的作用。

3. 预算报告是立法机构和行政部门之间的权力制衡工具

政府预算制度最早是在西欧国家建立和发展起来的，后来逐步扩展至世界更多国家。最初西欧国家的资产阶级为了限制当时的君主政治中皇帝和贵族们在财政税收上的权力，提出一些政治要求，其中包括要讨论、审议和批准他们的税收和财政支出，目的是限制和监督封建君主和贵族的权力，保护自身的权益。资产阶级革命成功以后，政府预算制度逐渐完善，法治性也逐渐增强，成为立法机构和行政部门之间的权力制衡工具。预算草案及报告完成后，要递交给立法机构，经过辩论、修改、投票表决和批准等程序，在得到议会的同意之后，预算报告就变成了法律文件，任何人都必须遵守，以保证国家财税权力不被滥用。

4. 预算报告是政府参与国家治理的重要工具

预算是将各种相关利益、条件和因素都统筹考虑的社会经济治理工具。通过制定年度收支总目标和分项目的目标，预算报告可以成为一年内政府财政经济活动的纲要和指南。同时，预算中还要考虑社会中的主要矛盾和任务，并就这些矛盾和任务的解决做出相关安排，随着预算管理制度的逐渐健全，政府预算越来越体现出国家宏观经济管理和调控的思想，因而成为政府参与国家治理的重要行动工具。

（四）政府预算报告的形成

预算报告的编制和形成是一个复杂而又专业的过程，需要财政部门、行政部门、立法部门之间的反复协商和沟通。总的来说，可分为三个阶段：

1. 自上而下的阶段

财政部或其他负责编制预算的部门——如美国国会预算管理办公室，采用宏观财政框架和预测模型评估该国可用资源总量，评估的内容主要包括：税收收入与非税收入、举债能力和贷款可得性以及支持预算项目和工程所承诺的援助。在此基础上，财政部基于历史支出规模、新的优先次序以及政府的相关指导文件，将该国的可用资源配置给各支出部门。

2. 自下而上的阶段

各支出部门根据其部门战略、将要继续的活动及新增事务的成本估计制定支出计划，并作为年度预算提出申请。由于各部门的初始资源配置通常由财政部负责制定，因此，各部门的预算申请可以作为其要求不同于财政部配置的重要依据。

3. 协商阶段

财政部根据各部门的发展战略和资源总量，审核各支出部门的预算申请。这主要是通过财政部和各支出部门之间的沟通和"讨价还价"来实现的。基于与各支出部门的沟通以及各部门自身的权衡取舍，财政部就各部门的资源配置形成初步决议，并编制年度预算草案，形成预算报告，提交立法机构审议，待批准后形成正式法案，并具备法律效力。

二、部分国家政府预算报告的历史沿革与发展

政府预算产生后,预算报告也随之而产生。从历史上看,不同国家之间的做法,虽然在细节上存在诸多差异,但也呈现出清晰明确的共性发展演变规律。

(一)预算报告与政府预算同时产生和同步发展

近现代预算在英国的形成与发展,在世界政府预算制度变迁史上具有重要的地位。在英国,"预算"一词原意就是描述财政大臣携带到议会,用来向议会陈述政府的钱款需求及其来源的皮包,以后则演变成为该皮包所装之文件,即政府提交立法机构审批的财政计划。在政府预算制度形成之初,即包含了预算报告的活动和内容。换句话讲,预算报告与政府预算同时产生。英国 1215 年签署的《大宪章》首次确认了"非赞同勿纳税"的原则,意味着财政权从国王手中转到议会和社会公众手中的开始,标志着政府预算制度在英国漫长的形成过程的开始,也是政府向议会报告预算的开始。

立法机构对于税收和政府支出的控制,必然要求政府向自己说明其支出的使用情况。这种"说明"就是陈述,即预算报告。英国"陈述"制度的建立和完善,也是经过一番艰难曲折的历程。立法机构批准政府预算的权力,在今天看来是理所当然的。但在几个世纪以前,这一做法明显背离君主拥有天赋课税权这个传统观念和原则。在英国,随着议会逐渐控制了税收、国库,"陈述"即国王向议会报告支出用途的做法也就逐步完善和成熟起来。1688 年的"光荣革命"确立了君主立宪制,使议会在与国王争夺预算控制权的过程中获得了胜利。此后,议会不断地重申要求政府陈述公共支出的权力。直至 1787 年建立的统一基金,接纳并记录所有的收入和支出,为全面综合陈述政府的财政活动奠定了基础,并很快在此基础上形成了完整的财政陈述制度。到了 1822 年,财政大臣向议会提交的关于政府财政的指导方针和活动内容的陈述,已经包含财政计划收入、支出以及预期的盈余或赤字等内容了。预算报告的成熟,是政府预算制度健全和完善的重要标志。英国所创建的政府预算制度及预算报告,为许多国家所借鉴和吸收,在全世界产生了广泛而深远的影响。

(二) 立法和立法机构决定了预算报告的形式和内容

从各国预算制度和预算报告的历史发展和沿革可以看出，政治体制的不同尤其是立法机构在预算中作用的不同，决定着预算报告的内容和形式。在美国，实施分权化的总统制体系，立法机构在政策制定与预算决策领域扮演着十分重要的角色。美国宪法规定，立法机构成员的选举与总统的选举是各自独立进行的。立法机构，即参众两院的议员席位与总统所代表的政党不一定是一致的。与美国相比，以英国、加拿大、澳大利亚等国家为代表的威斯敏斯特体系[①]里，立法机构的预算权力实际上是比较微弱的。在该体系里，行政领导人，即以首相为首的内阁成员产生于国会的多数党，由此决定了立法机构有支持行政机构，即支持政府的义务。

还有一些国家介于两种体制之间，立法机构和行政机构之间的预算力稍有不同，包括法国和韩国的"半总统"体系，德国和意大利等的民主共和体系，荷兰、瑞典等非威斯敏斯特议会君主立宪体系等。日本预算制度以及预算学说的基本形态可以追溯至明治宪法的制定。明治宪法的基本构架是以 1805 年德意志普鲁士宪法为主要模仿对象，是在发现普鲁士宪法的缺陷基础上对其进行了发展性的继承。将预算以法律形式确定下来是普鲁士独特的制度，日本在这方面也是受德国制度的影响最大。

(三) 预算报告从重收入逐步转向重支出

日本早期的预算报告主要关注的是按照预算规定从各地征税，专注收入这一方面。而 19 世纪德国的预算报告是作为税收批准资料的，19 世纪南德意志各国的宪法中开始出现将仅停留在国家内部行政技术层面上的预算固定为法律。以 1819 年制定的符腾堡宪法为例，市民阶层最关注的是议会的税收批准权是否得到保障，当时如果君主提出的征税想要得到议会批准，需要君主提供使其要求合法化的依据，而作为证明材料，就需向议会提交"预算 (Etat)"。换言之，在征税获得批准的过程中，为了"审查"的目的向议会提交的"证据文件"就是预算，政府必须证明必要支出存在"不足部分"，并提交"预算"作为征税的依据说服议会。这个阶段的预算是使君主征税的要求合法化的资料，因此预算编制由

---

① 威斯敏斯特体系的特点包括：政府的行政体系通常由立法机构的成员组成，高级行政官员组成内阁；行政与立法的两权制衡；反对党的存在；统一的中央集权的国家级政府；两院制；多元的利益集团体系；两党制；单一选区多数决制；全国统管的中央银行；宪法弹性。

政府来进行是理所当然的事，而议会的关注点主要集中在国家的收入侧面的征税方面，因此，一旦政府获得议会的征税批准，预算的使命就算完成，之后就是确保政府没有不受约束的支出了。从根本上来说，把预算当成征税依据的资料这点就具有了控制支出的指导意义，政府拥有自由支出权限、不受经议会审查的预算约束的这种结构，作为制度而言是不稳定的。在相对较晚才制定宪法的北德意志各国，虽然基本上还是坚持同样的结构，但议会通过预算削减权等方式，对公共支出的参与权进一步增强。此时的预算报告内容更多从收入转向支出。而进入近现代之后，预算和预算报告转而更注重支出，尤其是支出的绩效。

（四）预算报告经历了由简到繁的过程

以美国为例，在20世纪90年代初期，预算报告是7份独立的文件。1991财年[①]，乔治·H. W. 布什总统的任期内，预算报告被整合成了一本（volume）。克林顿政府时期，预算报告又被拆分成4本。奥巴马总统的2017财年，政府预算报告又增加了其他7份文件，成为共11份文件的文件汇编。预算报告总的发展趋势，是内容越来越多、越来越详细。

在加拿大，早期绝大多数在下议院提交的联邦预算都很短，而且很单调。直到第二次世界大战之后，预算都十分简短，因而所有预算文件都记录在议会议事录中。20世纪六七十年代开始，预算报告的长度不断扩展，财政部长除了汇总表文件，还要提交措施和财力动议文件。1984年联邦预算开始形成现代预算套餐，即一整套预算文件。

（五）预算报告的公开性越来越强

在日本，最初的预算与预算报告都是"国家机密"，只有很少几个大臣可以阅读，而对于皇太子而言，是当作君主的遗诏保管在银质箱子中的。而发展到现代，2001年开始实施《信息公开法》，规定凡除国家机密、个人隐私以外的预算信息，均须向国民公开。此次，从中央到地方政府，年度预算报告均可以从政府相关网站下载或向专门的信息公开窗口索要。

在英国，预算公开途径多样化，包括书面文件和政府官网等，并且构建了全面的公民参与机制，包括公众听证、公民问卷、公民咨询委员会、公民陪审团

---

① 美国财年是从前一年的10月1日开始到当年的9月30日止，1991财年是从1990年10月1日到1991年9月30日。

等。而且，英国的信息公开法律健全，1998年实施的《财政稳定法》是最重要的预算公开法律，提出预算透明是重要的预算原则，除特殊原因外，政府不能限制公开，还明确规定了一系列的公开措施。

（六）预算报告逐步形成主题鲜明、形式活泼、专业性与亲民感并存等特点

在加拿大从让·克雷蒂安政府期间，保罗·马丁任财政部长，预算被赋予鲜明的主题，以协助组织和沟通当时的政府优先政策，有技能预算、老年人预算和医疗保健预算等。在哈珀政府期间，仓促编制的2009年1月预算第一次使用了"经济行动计划"一词。之后的每个预算报告，都使用了这个词。这一时期的预算报告开始有类似于广告词的宣传口号，如"期待更强大、更美好、更安全的加拿大"，政府甚至还为预算报告谱写了歌曲。

预算报告的通俗易懂，是公众行使对政府预算知情权、参与权、表达权和监督权的重要保证。在香港特区政府，预算报告除有文字表述外，还配有大量的插图、表格，信息清晰明确，便于理解，有利于对比分析。在香港特区政府官网上，在公开刊登当年财政预算案的同时，又以当年财政预算案的重点为题，提纲挈领并配有大量的漫画和插图予以形象化说明。2009年，香港特区政府为了吸引青少年关注本年度的政府预算案，邀请著名漫画家画了一部名为《明日，今天的未来》的漫画，以故事的形式，向市民阐释每年的财政预算。预算案的宣传渠道也是非常多元化，香港特区政府曾在社交网站脸书上推出"假如我是财爷"的游戏及邀请香港特区有影响力的娱乐明星演唱《数字歌》、拍摄宣传片等一系列举措。

（七）预算报告的预测和规划的目的性越来越强

世界各国的预算和预算报告越来越注重预测和中远期规划，并且中期和远期预测的时段越来越长。一般国家的中期预测都是三年，但加拿大、澳大利亚是五年，美国是十年。澳大利亚的长期预测是40年，美国的长期预测是50年，有些国家对养老等主要福利支出的预测长达75年。这些中远期预测都是为了配合国家的全球战略目标和国内治理目标的实现。

在澳大利亚，从20世纪80年代，财政部建立了滚动远期估算系统，成为预算谈判的起点。远期估算通常每年更新，在部委之间讨论。远期估算是1983年首次单独在年度预算之后发布的。1989—1990财年，澳大利亚政府首次将远期估算在预算内发布。从2009年开始，澳大利亚领先迈向战略政府。2010年3

月，政府发布了《领先——澳大利亚政府管理改革蓝图》，这种迈向更多横向和纵向一体化的趋势得到进一步推动。该文件阐述了9个改革领域，设计为"将澳大利亚的公共服务转型为战略性、前瞻性的组织，其内在文化是评估和创新"，而与战略政府相配套的，是"战略"预算体系。其中，预算报告的战略性、目的性也越来越显著。

三、政府预算报告的国际比较与经验总结

不同国家的政治体制、经济发展水平各不相同，其预算报告在框架、写法、内容、信息公开与透明等方面也存在一定的差异。我们在考察美国、英国、德国、加拿大、澳大利亚、日本和韩国等七个国家的预算报告现行做法及其特点的基础上，可以总结如下几点规律性认识。

（一）多个国家编制预算前报告并早于预算案提交国会前数月发布

OECD一份指南[①]曾对预算最优标准做过梳理，建议各国编制预算前报告、月度报告、年中报告、决算报告、选举前报告、中长期预测报告共6种报告。预算前报告是在向立法部门提交个别的财政支出、收入预算法案前，为了便于进行综合性财政战略的讨论而编制的报告。换句话说，编制预算前报告的目的是为了与针对综合性财政政策讨论以及预算资源分配的详细讨论相区别，因此预算前报告中不阐述过细的内容。OECD指南建议，预算前报告应说明中期的经济政策目标；将重点放在年度财政收入总额、支出总额、收支差、债务；至少于年度预算草案提交议会审议1个月前公布。

从实践来看，在美国、英国、日本、法国、瑞典、澳洲、新西兰等国，均编制预算前报告并早于预算案提交国会前数月发布，且在预算前报告中对政府的战略性优先事项进行说明。从公布时间来看，英国《财政预算前报告》（Pre-Budget Report）公布时间为11月，预算案提交是3月；法国预算前报告"Rapport pour le debat d'orientation budgetaire"公布时间是5月，预算案提交是10月；新西兰预算前报告《预算政策书》（Budget Policy Statement）公布时间为12月左右，预算案提交是5~6月；美国的预算前报告《总统预算国情咨文》公布

---

① OECD Best Practices for Budget Transparency.

时间是在年度开始前的 2 月,议会预算表决是在 4 月;澳大利亚是在预算期间,不满足 OECD 指南中规定的提前一个月公布的要求。

(二) 多数国家的预算报告需在议会进行口头演讲

在一些主要发达国家,预算日当天向立法机关进行口头报告,即预算演说(budget speech)。在美国,每年预算审议前由总统发布预算国情咨文。在德国,财政部长在预算递交议会后一般会在议会公开发言三次。第一次是在每年的 9 月份,德国财政部长向联邦议会以报告的形式对预算草案进行解释说明。之后,对议员们提出的与预算相关的问题进行解答,例如债务、社保、难民等问题。此外,针对一些改革的核心领域,如教育、科研、减税、财政平衡等一一做出解释。第二次是在议会就预算进行辩论时,财政部长就争议较大的内容进行陈述。第三次是在每年的 11 月份,当预算案最终在议会表决通过时,财政部长还会再进行一次讲话,对最终的预算案版本进行解释。在日本,也有财政大臣口头作预算报告的历史传统。在西方国家,预算审议过程非常注重预算辩论,因此,预算演讲这种形式被许多国家都采用。

(三) 预算报告定位于国家治理而成为国家重要的政策及法律文件

根据 GFOA 建议,预算报告不仅是一份财务性报告,更是一份政治性、政策性及法律性文件。换句话说,预算报告最基本的要求是阐述政策,突出政府现阶段的工作目标和重点,并从历史的角度解释这些工作目标和重点较往年的变化及其原因。从实践来看,国外预算报告利用较大篇幅阐述政策,多为兼具政策文件与财务计划的综合性报告。如美国预算报告是总统争取国会的支持依据或起点。因此预算报告通篇贯彻总统的政策意图,既有全局又有细节,在国家治理中发挥着重要的功能作用。

(四) 预算报告是由主体文件和支撑性文件构成的报告体系

为了使预算报告易读易懂,便于立法机关审查和监督,预算报告往往不是一份孤立的文件,而是由主体文件和支撑性文件构成的预算报告体系。主体文件包括预算概要、详细收支计划等。支撑性文件包括历史预算数据、支出和收入方案的具体信息,以及具有重大预算影响的政策建议和倡议。这些文件先后提交给议会,时间跨度长达数月。以美国 2018 年预算报告为例,2017 年 3 月份公布预算简本《把美国放在首位——让美国再次强大的预算蓝图》(America First - A

Budget Blueprint to Make America Great Again）反映了总统预算的部分内容，5月份发布的预算详细版本2018财年预算案（A New Foundation for American Greatness – President's Budget FY 2018）反映了预算整体情况。另外，辅以数十页乃至上千页不等的历史表格、附件等支撑性文件，共同构成2018年预算报告体系。在英国，《2017年春季预算》（Spring Budget 2017）也是由一揽子预算文件组成，包括概要版和完整版。在日本，预算报告包括年度预算重点、年度预算框架、一般会计收入支出预算、财政状况、分类预算重点、财政部长的财政演说等十余份文件。在新西兰，预算报告包括预算演说和财政策略报告、预算经济和财政快讯、主拨款估算、拨款估算支持信息以及各部门的目标报告。

（五）预算报告的形式和内容以法律形式固定且相对稳定

国外预算报告的形式和内容多以法律形式固定，且相对稳定。以美国为例，1921年《预算与会计法案》规定，总统要"以如此形式和如此详细程序"编制预算。长期以来，总统预算报告的形式没有因总统的变更而发生大的调整。预算报告作为政治性文件逐渐适应总统的需要，总统通过预算报告提出联邦年度财政政策、联邦征税与支出之间的战略安排以及各笔征税、支出的总体计划。克林顿总统时期的预算报告的四个主体文件《年度预算》《附录》《分析和展望》以及《预算体系与概念》沿用至今。美国2017年预算报告的主体文件仍包括《年度预算》《分析和展望》《附录》，与克林顿总统时期的预算报告有所不同的是，增加了《历史报表与数据》《联邦信贷补充文件》《公共预算数据库》等若干支撑性文件。日本的预算报告形式也相对固定，《财政状况》《一般会计收入支出预算》等几个主体文件每年不变。

（六）不同国家的预算报告的侧重点有所差异

预算报告的具体内容和该国的预算传统密切相关。以美国为代表的多数国家的预算报告以支出预测为主，而英国则比较特殊，以税收及税制改革为主，这与英国预算传统密切相关。英国历史上通常是财政大臣向议会提交收入提议，而支出预测及计划在议会及所有委员会审议之前已经被列出。这一传统延续至今，以英国2017年春季预算为例，一共五章内容中有一章专门讲税收（第三章）。除此以外，支撑文件"税收立法和税率概览"（Overview of tax legislation and rates, OOTLAR）中还详细列举了当年预算报告中公布的税收政策措施清单、相关影响、立法时间表以及税率表等。

(七)预算报告阐述的政策方向或重点与财政收支计划一一对应

在西方发达国家,增加预算的要求不能凭空提出,需要以财政状况以及合理的理由为基础。预算报告除了阐述政府的财政收支计划,更多的篇幅是在阐述预算收支安排的重点和依据。具体讲,一般是围绕国家面临的经济环境,总结以往政策的成效,阐述新的财年以及未来一段时期经济和财政政策重点或方向,进而阐述细化的在下一年度预算各个领域、各项支出和收入的具体建议。可以说,预算报告从战略层面到战术层面,从概括到具体,条理清晰,层层递进,与国家政策及支出计划相对应。

以 2018 年美国联邦政府预算报告为例,它阐述了美国面临的内外经济环境,描绘了美国的未来蓝图,同时还反映了联邦政府各部门对各种联邦计划的优先排序,包括重要与不重要的联邦项目、需实施的联邦项目与资助的资金规模、自主性支出的削减情况以及各个政策对应的支出情况。支出报告按功能分类,每一个部门的支出被划分为三个部分:政府经常性支出、对地方政府的补助和资本项目支出。日本的预算报告也是如此,以 2017 年日本中央政府预算报告为例,主要阐述了 2017 年财政政策的基本考虑、总体的收支情况、2017 财年预算及税制改革,围绕这些政策目标的实现,需要采取的措施、增加的项目或支出等,政策和支出计划一一对应,清晰明了,通俗易懂。

(八)预算报告重视对未来收支的预测及其与历史数据的对比分析

在西方发达国家,预算报告普遍重视对未来收支的预测分析,通过从历史纵向角度对比多个年度(至少三年甚至更长)的预算数据,使读者对预算变化情况一目了然。美国预算编制重视对未来的预算估计,预算报告"是一个关于未来政府支出的计划,而不是事后的报账"[①]。预算报告中的基础数据包括上年数据、当年数据、预算年度数据以及预算年度以后年度的数据。以 2017 财政年度预算报告为例,美国预算表中上年(2016 年)所列数据是机构账户中的实际收支及差额数,或财政部年度预算报告中的汇总数;当年(2017 年)所列数据包括递交预算报告时估算的收支及差额数和当年的拨款数。此外,还反映补充拨款和取消拨款的情况;预算年度(2017—2018 财年)所列数据包括估计可支配的收支及其差额数,反映在现行授权立法中新的预算授权,也即根据新的授权立法

---

① 弗里德里克·克莱文兰德. 美国预算观念的进化 [M]. 1915.

和税法所产生的预算预计数。20世纪90年代的预算报告中包括预算年度上上财年的实际数、上财年的预估数、预算年度以及以后五年的预估数。目前，美国预算报告列示预算年度之后长达10年的数据，目的是要反映预算决策对长期目标和计划的影响。可见，美国的预算报告同时包括至少4年的财政收支数据，基于中长期预测进行科学的预算决策。

英国、瑞典、新西兰等国的预算报告中均包含中期财政战略、目标以及中期经济预测的相关内容。如英国预算报告中，一般会在战略性优先事项中对中期财政战略及目标进行说明。此外，在附录（Appendix）中详细说明经济财政最近的状况以及中期预测。但德国和法国例外，德国的预算报告只是单年度预算，不含中期经济政策，关于中期预测会列入专门提交议会备案的中期财政规划中。法国也一样，法国的预算前报告虽然对经济、财政目的进行说明，但也是以该预算年度为对象的，不对预算年度之后的中期意图进行说明。

（九）大部分国家的预算报告尚未包含绩效目标

英国和美国是政府预算的重要发源地，也是绩效预算理论和实践的发源地。英国政府从20世纪80年代就开始推行绩效预算改革。从撒切尔夫人至今，历任英国首相均致力于明确部门的战略目标、绩效目标和绩效评价指标，并将绩效评价结果作为调整政府中长期经济目标、计划以及财政部制订以后年度预算的依据。美国经过几十年的探索与完善，形成了具有示范性的绩效预算管理制度。1993年美国国会通过《政府绩效与结果法案》（简称GPRA法案），要求各个政府机构在编制预算、提出资金需求计划时，必须同时提交一套能够综合反映部门业绩、便于考核的绩效指标，作为将来评价政府支出绩效的标准化依据。小布什时期，美国总统管理与预算办公室开发并实施了项目评价分级工具（简称PART，2002年）。奥巴马时期，国会通过《政府绩效与结果现代化法案》（简称GPRAM法案）（2010年），将优先绩效目标工具被写入法案。日本自2001年起实施中央省厅改革，要求各省厅实施政策评价，在各部门开始尝试公布项目的绩效目标。财务省要求从2001年的预算编制开始，各省厅在申报预算时连同政策目标等相关资料一并提交。

随着绩效预算的产生，预算报告当然需要报告绩效管理方面的内容。当预算"从一种保证公共支出的合法性与合理性手段变成一种改善公共部门管理和提高资金使用效益的工具（OECD，2001）"时，越来越多国家的预算报告开始引入绩效目标和评价指标的设计。遗憾的是，在这一方面做得较好的不是英美，而是法国。法国的预算报告"预算导向辩论"（Le Débat d'Orientation Budgétaire，DOB）（预算组织法第 48 条）分为两卷，第一卷"公共财政的政策辩论准备报告"（DOFP）主要阐述经济前景和政府的财政策略，第二卷专门详细阐述每个计划相关的任务与年度预算计划，以及目标与绩效指标清单，绩效预算的理念已经反映和体现在预算报告的编制中。虽然预算报告涵盖绩效目标与管理内容的目前只是部分国家，但从各国实践来看，是未来改革的基本趋势。

四、政府预算报告与预算编制及管理的关系分析

预算报告是政府预算制度的重要内容之一，与预算编制及管理存在着密切的关系。一方面，预算报告为适应预算编制和管理的要求取得了不断的发展和进步；另一方面，预算报告的改进和变化也对预算编制及管理产生一定的影响，促进了预算制度的改革和完善。

（一）政府预算和预算报告具有共同的法律依据

各国政府预算编制和管理都是依据相关法律来实施，预算编制和管理的重大改革也都是以法律形式来确立和以法律为依据来实施，因此政府预算报告也是严格依据相关法律来编制。在大多数国家，《宪法》中就有预算相关的内容，有的国家如日本还有专门的《财政法》（相当于我国的《预算法》），有的国家如美国，虽然没有专门的法律指导预算的编制，但是有多部法律规范预算编制活动。

1. 预算及预算报告的编制权由法律赋予

行政机构编制预算的权力，无论该权力属于总统还是内阁或者其他行政机构，都是宪法或者相关法律赋予的。在美国，宪法在最初并没有赋予总统编制预算的权力，当时预算编制权由国会行使，首次赋予总统预算编制权力的是《1921 年预算和会计法案》，之后通过《宪法》的修订加入了总统应每年编制预算并向国会提交预算的内容。在德国，根据宪法和其他相关法律，联邦政府每年都需要递交一份预算草案，对联邦政府下一年度的财政支出安排以及财政资金的来源——包括财政收入和借债情况进行说明。在日本，1947 年制定并实施的《财政法》规定，内阁有向国会及国民报告财政状况的义务，此后预算报告首次作为一个独立的文件以合理的格式、严格的程序和权力等级提交至国会审查。

2. 预算及预算报告的编制严格遵循法律要求

各国预算报告的编制都是严格按照宪法或者相关法律来进行。下文以美国为例,阐述宪法和财政相关法律如何规范预算报告的编制。表 1 列出了美国预算历程中的重大事件,其中对预算报告的编制和内容产生重大影响的法律按时间先后主要有:

(1)《宪法》(Constitution)。美国《宪法》第 1 章第 9 条规定,未经法律许可,不得动用国库。同章第 7 条规定,法条通过为法律前,必须提交总统。如果总统批准该法条,则其成为法律;如果总统否决,则只有两院三分之二以上多数票赞成才能使该法条成为法律。美国宪法第 2 章第 3 条规定,总统应向国会提交预算,总统有权向国会建议支出其认为必要的开支。只有国会有权征税用于国防和公共福利。①

(2)《预算和会计法案》(Budget and Accounting Act)。《1921 年预算和会计法案》正式赋予总统编制和向国会提交年度预算的权力,成立预算局来协助总统编制预算。1939 年,罗斯福总统意识到预算局的重要性,将其从财政部转到总统行政办公室之下。1970 年,尼克松总统拓宽了预算局的职能并更名为预算管理办公室。

(3)《国会预算和扣押控制法案》(Congressional Budget and Impoundment Control Act)。《1974 年国会预算和扣押控制法案》要求建立国会预算流程,成立参众两院各自的预算委员会(House and Senate budget committees)和国会预算办公室(the Congressional Budget Office)。此外,还规定建立扣押立法审议的流程。

(4)《预算执行法案》(Budget Enforcement Act)。《预算执行法案》规定,赤字目标不再是固定的而是可以根据情况调整的,如果为自主性支出设定的上限一旦超出,将同比率削减每项支出,为收入和直接支出(direct spending,指没有支出限制的法定支出)建立量入为出(pay-as-you-go)规则,例如直接支出的增加要通过增加某项收入或削减某项支出来弥补,以及为直接和担保贷款设立新的预算规则。

(5)《政府绩效法案》(Government Performance and Result Act)。《1993 年政府绩效法案》规定,各行政机构要上交战略性计划和绩效报告,要提供所有的预算信息以备国会制定政策和支出决策时使用。

3. 法律推动着预算及预算报告的改进

预算编制和管理的发展、预算报告的编制都是以宪法和相关法律为依据,因

---

① 杨华柏. 美国的预算法律制度 [J]. 中外法学. 1994(5).

表 1　　美国联邦政府预算的里程碑（1789—2006 年）

年份	事件	重大意义
1789 年	宪法	赋予国会征税权，同时规定只有国会批准的拨款（appropriation by Congress）才能支取
1802—1867 年	国会委员会构成的变化	1802 年，"众议院赋税委员会"（House Ways and Means Committee）成立，它是一个常设委员会； 1865 年，"众议院拨款委员会"（House Appropriations Committee）成立。 1816 年，"参议院财政委员会"（Senate Finance Committee）成立； 1867 年，"参议院拨款委员会"（Senate Appropriations Committee）成立。
1837 年	参众两院的规则	参众两院禁止未经授权的拨款
1870 年，1905—1906 年	反赤字法案（Antideficiency Act）	要求分配出部分资金预防超支
1921 年	预算和会计法案	要求提交行政预算；建立预算局和审计总署（the General Accounting Office）
1939 年	1 号重组计划	把预算局移入总统旗下新成立的行政办公室，并扩大了预算局的职能
1967 年	总统预算事务委员会（President's Commission on Budget Concepts）	实施综合预算（统一预算），把基金（收支等）纳入预算之中。
1974 年	国会预算和扣押控制法案	建立国会预算流程、成立参众两院各自的预算委员会（House and Senate budget committees）、和国会预算办公室（the Congressional Budget Office）。建立扣押立法审议的流程。
1980 年	协调流程	国会预算流程中首次使用"协调"（reconciliation）
1985 和 1987 年	格拉姆 - 拉德曼 - 霍林斯法案（Gramm - Rudman - Hollings Acts）	设立赤字削减目标和扣押程序（sequestration procedures）
1990 年	预算执行法案	赤字目标从固定目标调整为可调整目标，为自主性支出设定上限，为收入和直接支出（direct spending）建立量入为出（pay - as - you - go）规则，为直接和担保贷款设立新的预算规则。

续表

年份	事件	重大意义
1990年	首席财务官法案（Chief Financial Officers Act）	在所有重要机构中安排一个首席财务官来审查财务管理和整合财务和预算事务
2002到2006年	1990年预算执行法案的规则到期，重返赤字	法案规则到期后，在经历了四年（1998—2001财年）财政盈余后，赤字重现，名义赤字创下新的记录，2004财年达到顶峰，为4130亿美元。参议院的关于量入为出和为自主性支出设立上限的规则运行超过了十年。2007年，众议院采纳了量入为出规则，参议院对其原有的量入为出规则进行了修订，与众议院的保持一致。

资料来源：Allen Schick 著，苟燕楠译，《联邦预算——政治、政策、过程》，中国财政经济出版社2011年版，第12页。Allen Schick, the Federal Budget, the Brookings Institution, 1995, P36.

此法律为预算报告的改进提出了具体要求和行动指南。以美国为例，宪法及相关法律对预算编制和预算管理及预算报告编制的推动作用表现为：

(1)《宪法》(Constitution)。《宪法》赋予总统编制和向国会提交总统预算的权力，同时总统还有对国会审议通过的预算行使否决权的权力；另一方面，国会有审议总统预算和对总统预算的无限修订权，国会还有征税权，但国会也面临总统行使否决权的威胁。

(2)《预算和会计法案》(Budget and Accounting Act)。在《预算和会计法案》之前，预算报告是一个各部门预算请求的汇编，财政部负责收集各行政机构的预算需求，并汇集起来提交给国会供其参考，没有审查、核实和修改的权限，预算权完全掌握在国会的手中。在《预算和会计法》颁布后，总统被赋予了预算编制权，才开始有了行政部门编制的预算报告，此后预算主导权被总统掌握。

(3)《国会预算和扣押控制法案》(Congressional Budget and Impoundment Control Act)。《国会预算和扣押法案》是国会争取预算权的成果，根据该法案，国会新成立了三个负责预算相关事务的机构，开始独立编制预算，建立了预算蓝图、预测方法、支出评估程序、支出优先顺序和国会预算编制的流程。虽然预算主导权仍然在总统手中，但是国会在与总统的博弈中有了自己的立场和观点，有了更多的主动权，预算开始成为总统和国会博弈的战场。通过该法案，国会还取得了另一个胜利。即在预算执行过程中，总统有权扣押资金，该法案对总统扣押资金的程序进行了规定，要求总统在废除（rescind）或延迟（defer）拨款时，必须给国会递交特殊咨文（special message），对于总统的废除拨款决定，只有在参议院和众议院45天内的会议期间通过才可以生效，而对于总统的延迟拨款决定，只要没有被国会的法案推翻可立即生效。①

（4）《预算执行法案》（Budget Enforcement Act）。《预算执行法案》为预算编制设立了一些新的规则，影响预算编制的具体细节，例如赤字的估算、自主性支出的总额以及编制预算时要贯彻量入为出的规则等等。

（5）《政府绩效法案》（Government Performance and Result Act）。在《政府绩效法案》之前，国会和总统对预算的关注主要集中在预算权和控制赤字方面。《政府绩效法案》开启了预算管理的一个新篇章，支出与支出的绩效之间建立了联系，绩效报告成为提交给国会的报告中不可缺少的一部分。

（二）政府预算编制及管理对预算报告的决定性作用

预算编制及管理决定着预算报告的内容和形式。预算编制及管理有不断发展和进步的过程，因而对预算报告的内容和形式不断提出新的更高的要求，下文举出一些实例加以说明：

1. 预算编制及管理要求政府预算报告为年度报告

美国《1921 年预算和会计法案》要求总统编制和向国会提交年度预算，因此预算报告一直是一份年度预算，每年发布一次，是关于一个财年的预算报告。为了按时提交年度预算报告（美国大概是每年的 3 月初左右提交本财年的预算），建立了一套预算流程来编制预算。

德国宪法和《基本法》②规定，预算计划按年划分为一个财政年度或几个财政年度，预算计划应在第一个财政计划年度开始前由预算法律予以确定。对于预算计划的部分内容，可规定按财政年度划分的不同期间分别有效。此外《德国联邦预算法》③还规定了预算提交的时间，预算案草案提交到联邦参议院和联邦议院通常最迟在 9 月 1 日之后的联邦议院的第一个会议周提交。

2. 预算编制及管理要求预算报告为多年滚动预算

由于对财政可持续性的关注，政府不能仅关心单一财年的赤字和债务，而是必须关注当前财政政策、法律对未来财年的财政状况的影响。因此目前美国联邦政府的年度预算报告虽然是年度预算，但是其涵盖预算数据信息不仅包括本财年还包括之后九个财年的信息，每年滚动进行编制，因此预算属于多年滚动预算，预算报告反映 10 个预算年度的信息。

---

① 肖鹏. 美国联邦预算管理法律体系演变与启示 [J]. 财贸研究，2009.6.
② 《基本法》，1949 年颁布，2009 年最后修订。
③ 《德国联邦预算法》1969 年颁布，1997 年修订。

3. 预算编制及管理要求预算报告内容逐渐丰富

从美国联邦政府年度预算报告的发展历史来看,预算报告的内容不断丰富。1995 财年,克林顿政府时期,预算报告在形式上分为 4 本:(1)美国(联邦)政府预算;(2)(预算的)附件;(3)预算分析;(4)历史图表。到 2017 财年,政府预算报告除包括上述 4 份文件外,还包括了其他 7 份文件:(1)关于联邦政府信贷信息的补充文件;(2)分类分析;(3)预算授权的余额;(4)公共预算数据库;(5)经济假设(1976 财年—2017 财年);(6)2017 财年预算中的长期预算项目;(7)中期评估,成为共 11 份文件的文件汇编。从预算报告总的发展趋势来看,内容越来越丰富。

4. 预算编制及管理要求预算报告内容逐渐细化

美国里根总统在 1986 年 2 月提交的 1987 财年美国联邦政府预算的篇幅有 10 页左右①,而奥巴马总统在 2016 年 2 月提交的《2017 财年美国(联邦)政府预算》共 182 页。这两份报告的主旨相同,主要都是在阐述在未来新的财年政府准备做什么和为什么这么做的问题,由此可以看出预算编制和管理对预算报告的内容有逐步细化的要求,报告内容越来越详细。还有一个例子也能很好地说明这个问题,2017 财年美国联邦政府预算报告的文件之一《(预算的)附件》中关于部门预算的信息共 1361 页,可以很好地反映出预算报告细化的程度。另外,美国预算报告的内容和形式都从便于国会审议的角度有所改进,例如分门别类、各有侧重等等。

(三)政府预算报告推动预算编制与管理不断完善

预算编制及管理决定预算报告的内容和形式,预算编制及管理的发展要求预算更细化、更科学。因此预算报告按照预算编制及管理的要求,内容越来越丰富和细化,同时也加入绩效信息来辅助支出决策。

反过来说,政府预算报告可以促进和支持预算编制及管理的发展和进步。预算编制及管理的发展和进步最终要落实到预算相关法律、预算编制的流程和机构、预算报告等等上来,要通过他们的颁布和改革等来实现,因此预算报告体现预算编制及管理要求的同时,也在促进和支持预算编制及管理的发展和进步。

预算报告的编制能力受客观条件、技术水平和预测能力等的制约,因此有时难以达到预算编制和管理的全部要求。例如,得益于技术水平的发展,对财政收

---

① 财政部综合计划司. 外国(地区)政府预算报告选编[M]. 黑龙江科学技术出版社,1991.

支的短期预测和中长期预测的准确性有了很大提高,预算报告的准确性更有保障。但是也应该看到,对宏观形势的变动、财政收入的预测及与宏观形势变化紧密相关的支出项目的预测上,受技术水平和预测能力的限制,预测还难以或者说不可能做到精确,因此还必须在编制预算时给预算留有更多地空间。另外,绩效管理也是一个难点,绩效指标和(或)权重设置的科学性和合理性也存在很多可以提升的空间。

另外,在预算报告和预算编制及管理上还应该注意到:一是预算编制及管理的发展也有试错的过程,不是每次尝试都取得了成果,也有经验和教训,也有不成功的情况,需要不断总结;二是预算报告也不是越详细越丰富越好,实际上预算报告篇幅越长、内容越丰富实际上也会增加审议的复杂性。

五、对我国的启示与借鉴

从国外预算报告的历史沿革、形成机制和报告内容的比较分析来看,预算报告在各国都是重要的国家治理体系文件。国外的成功做法对于改进和完善我国预算报告具有启示和借鉴意义。

(一) 丰富报告内容,反映财政在国家治理体系中的作用

财政是国家治理的基础和重要支柱,而预算是财政的核心。国家治理体系是一个综合性和系统性的体系,因此预算报告的内容必须足够丰富,才能比较系统和完整反映财政在国家治理体系中的作用。我国的政府预算报告看起来仅仅是财政工作的上一年总结和下一年的工作安排,而国外的预算报告内容则非常丰富。建议我国的预算报告增加以下内容:

1. 增加国际国内经济形势及对财政状况影响的分析内容

国外预算报告有很多反映国际国内经济形势预测的内容,例如美国联邦政府年度预算报告最主要的文件中,《美国(联邦)政府预算》有专门的"经济预测"部分,《对预算的分析和透视》中有专门的"经济预测和其与预算的关系"部分;英国的预算报告设有专门的"经济预测"和"财政展望"内容;德国预算报告报告要对过去一年来的国内外形势进行回顾和分析,包括经济形势、地缘政治形势、公共风险等方面,而且德国的政府预算数据和经济数据的预测都来自于独立的第三方技术专家,他们在各个领域和预算编制的各个阶段各有分工,

他们做出来的预测是政府制定相关财政政策的重要依据,具有很高的权威性和参考意义;加拿大的宏观经济和财政预测在预算和秋季经济报告中发布,作为预算前协商的基础,覆盖预算年和之后四年。

建议借鉴这些国家的经验和做法,在我国预算报告中增加国际国内经济形势及对财政状况影响的分析内容,使预算建立在长期可持续性分析基础之上,提升预算报告内容的可信度。国际国内经济形势及对财政状况影响的分析具体包括:(1)国际经济形势及全球公共风险分析;(2)国内经济形势和面临的主要公共风险分析;(3)财政对国际国内形势及公共风险的敏感性分析;(4)财政展望,对未来预算年份财政状况的预测分析及数据。

2. 回应国家治理目标并列示相关财税政策

既然财政是国家治理的基础和重要支柱,财政预算报告就不应该仅定位为财政工作层面的报告,而是反映国家治理关系的报告。例如,美国预算报告的内容是为贯彻总统的政策意图目的而服务的,要求预算报告必须既有全局又要有细节,既要点清晰又要详细。所以美国联邦政府年度预算报告由多份文本组成,每个文本分门别类地阐述预算政策、要点及必要的详细信息,内容十分丰富和翔实。德国的预算报告对议员们提出的与预算相关的问题要进行解答。日本预算报告体系包括年度预算重点、年度预算框架、一般会计收入支出预算、财政状况、分类预算重点、财政部长的财政演说等十余份文件,短至几页,长至上百页。除此以外,日本预算报告体系的特点是,按照 IMF 和 OECD 的预算最优标准编制和公开预算前报告,将需要议会及公众提前了解的信息放在预算前报告中体现。

借鉴这些国家的经验和做法,建议我国的预算报告要回应国家治理的重大关切和重大目标。具体包括以下几个方面:(1)反映国家现代化建设重大战略目标,提出预算重点关注的战略方向;(2)与国家中长期规划、五年规划等相衔接,与经济社会发展报告相呼应,或者将经济社会发展报告中反映的重大目标纳入预算报告当中;(3)列示与国家治理目标和战略规划相对应的相关财税改革、政策措施。

(二)完善报告形成机制,加强沟通协调

在不同的国家,预算报告的形成机制有差别,但大部分有一个共同点,就是预算报告的形成过程中体现各主体的参与,各方既有博弈,又有沟通协调,充分体现各方的意图。例如,美国联邦政府年度预算报告是行政机构的负责人,即总统,以预算为依据争取国会的支持。因此预算报告的目的是在这种博弈中,能够更大程度地在预算中贯彻总统的政策意图。美国总统将预算提交给国会后，在国会对预算进行审议的阶段，总统和预算管理办公室必须与国会一直保持良好的沟通。预算管理办公室会一直追逐总统预算在国会的审议全过程。预算管理办公室的官员和总统的经济顾问们出现在国会各委员会，讨论整体政策与经济议题，而对于具体项目的讨论通常由相关行政机构来负责。在拨款听证会和其他国会活动中，行政机构的官员们承担着为总统预算辩护的主要责任。德国预算计划草案形成后由财政部长呈报联邦政府总理，并交由政府内阁进行审批，审批通过的预算计划草案由总理提交国会两院（众议院与参议院）进行多轮讨论、辩论，其中出现的不同意见，将在国会、内阁、总理和财政部长之间协商解决。经过审议的预算草案，其最终决定权属于立法机关——国会，最终审批权属于联邦议会（众议院）。日本财长要在国会进行财政演讲，演讲之后隔一日还需在所有国务大臣都出席的情况下应对"代表质询"，针对各党派人员的提问进行答辩。

建议借鉴国外预算报告形成过程的相关经验，全过程地加强预算报告形成过程的沟通协调，加强立法机构和公众沟通机制的建设：（1）强化国家高层领导人对预算编制的更多介入，对于预算政策需要总理直至国家领导人来定夺，财政部负责按照既定的预算政策来具体编制预算，同时需要在更高层次的决策机构在预算草案提交给全国人大前先行进行审议，对不符合既定预算政策的地方提出修改意见；（2）预算提交时间前移半年左右，给全国人大各机构及各位代表更多时间审议预算，期间财政部负责跟踪预算在人大的审议议程，并按照程序进行解答和做证等；（3）在预算审议期间配备专业助手，帮助全国人大代表更好理解预算概况及预算详情；（4）全国人大的预算审议权在准备成熟后分配给全国人大各专业委员会，例如农业与农村委员会负责审议按功能分类的农业支出，其他预算事务交给全国人大常委会的预算工作委员会，必要时成立更多委员会或者组织更多人手协助全国人大代表审议预算；（5）进一步健全预算编制部门和人大代表的沟通联系，加强收集、整理代表意见，重视公众关切的热点问题，完善相应的回应与沟通机制，以获得社会各界的理解与支持。

（三）丰富报告表现形式，逐步扩大公开程度

生动活泼的表现形式可以吸引公众的关注，提高审议者的兴趣。例如澳大利亚每年和预算文件一起发表的都有简要版预算，名为"预算总览"，是一份图文并茂的小册子，便于读者快速了解预算。澳大利亚有专门的预算网站，以视频、画面等直观形式宣传预算。预算文件中除了文字，还配有大量的表格、图表和专

栏，直观地表现经济形势和财政政策；加拿大财政部的预算演讲中适度地使用了流行词，如2017年预算配套，加拿大有图文并茂的"预算七分钟"文件，意即读者可在七分钟内快速了解预算。加拿大有专门的预算网站，以视频、画面等直观形式宣传预算，哈珀政府时期还为预算谱写了歌曲。此外，预算报告的及时公开透明也很重要。例如，在日本从预算编制到预算报告提交国会审议表决整个过程中，工作进展以及形成的预算文件均披露至财务省网站，并留有相关负责部门的联系方式以供社会各界监督，并以电视直播的形式公开预算审议的全过程。

建议借鉴国外的经验，进一步丰富报告表现形式，逐步扩大公开程度：（1）建议提高文本的精致度，并编写通俗易懂、图文并茂、生动活泼的大众版预算报告摘要，必要时请专业的人事设计预算报告呈现形式；（2）建议增加趋势图、数据表格、专栏等表述形式；（3）在保密制度允许的范围内，逐步增加可公开预算报告的种类；（4）积极开发实用性的电子政务公开系统与平台，实现"傻瓜化"查询、阅读和下载。减少财政专业术语使用，完善预算报告内容。在公布预算信息时一并公布编制说明，在其中增加图表，加强解释和注释。在正式的预算报告和预算表格之外，公布编制说明，用活泼生动、通俗易懂的文字、图表加强解释和注释，做好信息的解读。

（四）改革政府预算编制和管理，为预算报告奠定坚实基础

预算报告只是预算的表达形式，其前提是预算编制和管理的科学合理。借鉴国外的经验，结合我国实际，需进一步改革我国的政府预算编制和管理，为优化我国预算报告提供基础。

1. 加强财政法治化水平

现代财政的基本特征之一是法治财政。法治财政意味着在财政改革的整个过程和各个方面、环节，都要运用法治的思维和理念。例如，德国的预算编制全过程有着成熟完善的法律框架作为保障和依托。《基本法》为德国的财政管理和预算编制提供了根本框架，其他国家和联邦层面的法律法规则从更加具体和细致的角度规定了预算编制的基本原则，包括其年度性、统一性、灵活性、议会审批原则等。借鉴国外经验，建议按照科学立法、民主立法的要求，扎实推进财政立法工作。在国家的根本性大法中增加财政和预算相关的内容。同时，强调依法履行财政执法职责，建立健全财政行政执法责任制，严格财政行政执法责任和权限，建立财政部门权力清单制度和财政重大事项决策制度，完善财政决策风险评估机制，强化对财税违法行为的监督检查，完善纠错问责机制。强化财政部门依法理财意识，强化各级财政部门法治观念，提高财政部门依法行政、依法理财水平。

2. 加强预算制度基础建设

首先，要理顺预算权力结构。一方面，在国家治理层次上，立法机关与行政机关的权力划分，过去一直在强化人大对预算的审批和监督，受各种因素制约进展并不尽满意，随着新《预算法》实施，这方面总体上都有了法律规定，但关键是实践中落实到位。另一方面，在政府治理层次，要统筹政府部门间预算权力的划分，规范部门二次分配权，取消法定挂钩机制，真正实现预算的完整性。其次，要完善预算决策机制。提高预算分配决策的层次，在部门之上成立预算分配决策管理委员会，加大协调力度。要科学配置部门职能，并能动态调整，以部门职能、机构设置合理化为基础保障资金统筹的高效到位。最后，要强化公民对预算的参与。按照契约理论，公权力是民众赋予的，预算权自然应该体现民众意愿，新修订的预算法对基层预算审查需要吸收民众参与等提出了要求。当前，一些地方尝试参与式预算改革探索，加强了公民、社会参与预算审核的过程，是有益的探索，下一步可以推广和加强。

3. 增加预算透明度和可问责性

一方面要推进预算公开的法制化进程。预算公开必须依法进行，谁来公开、公开什么、怎么公开、不公开如何处理等都离不开法律制度的规范。可以说，完善立法，依法公开，既是世界各国预算公开的普遍原则，又是其预算公开行之有效的经验之一。事实表明，依法公开还是化解不断加大的要求预算公开的压力向财政汇集的重要手段。因此，要加快建立健全预算公开的法律制度。另一方面要逐步拓宽预算公开的广度和范围。预算公开要逐步涵盖收支信息、负债信息、绩效信息和风险信息等内容。

4. 健全财政机构和功能

财政能力表现为资源汲取能力和财政分配权力的统一，是国家治理能力的主要体现。要从理念、理论上重新认识财政定位及职能作用，突出财政是国家治理的基础和社会关系的利益中枢，是国家长治久安的根本保障。当前，财政部在国务院机构"三定"方案中职能及地位迫切需要提升，应打破财政仅限于收收支支、就是"出纳"的传统思维，要冲破部门利益藩篱的制约和拘囿，要放到财政是国家治理的基础和重要支柱的高度来认识财政，定位财政，切实发挥财政对优化资源配置、维护市场统一、促进社会公平、实现国家长治久安的保障作用。要强化国家所有权收益应当由财政统一管理的理念。强化土地、森林、矿山等国有资源等收益的财政管理；铸币税及外汇储备等纳入财政资源统一管理。

附表：

部分国家与地区的政府预算报告比较一览表

	美国	英国	德国	日本	韩国	加拿大	澳大利亚	中国香港
1. 预算报告的界定	美国联邦政府预算报告是美国总统提交给国会审议的联邦政府年度预算文件	英国财政报告是财政部负责编制，经内阁同意以内阁名义提交给议会审议的公共部门年度预算文件	德国联邦预算报告是德国联邦财政部提交给联邦议会审议的联邦政府年度预算文件与预算草案	狭义的预算前报告是财政部长于预算日在国会演讲，称为"财政演说"，广义的预算前报告还包括政府年度预算案（1月末）以及提交国会审议的后续预算文件	韩国预算报告是韩国企划财政部于每年10月份向国会递交的全部预算草案	包括预算案、估算案。预算案是财政部提交给下议院全部财政收支规划，由财政部长在下议院发表演说；估算案是部门机构的详细支出计划和预算草案，在预算案提交几天后由财政部委员会送到下议院。	澳大利亚联邦政府预算报告包括四个文件，分别为预算一号至四号文件，内容为财政收支分析、估算、展望，预测，部门预算和转移支付	香港特区政府预算报告是财政司司长给立法会审议的政府年度财政文件与预算草案
2. 预算报告针对立法机构和公众是否有不同版本	有	不确定	有	有，单独于预算草案之外	有，放在预算草案中	有，《七分钟读懂预算》为公众版	有，《预算总览》为公众版	有"演说词"版本，"摘要"版、"完整调整"版
3. 预算报告的框架	2017 年美国联邦政府预算报告包括 11 份文件：1. 美国（联邦）政府预算：2. 对预算的分析和透视；3.（预算）附件；4. 历史表格；5. 关于联邦	2017 年春季预算主要包括 4 份文件：1. 2017年春季预算：你需要知道的 21件事；2. 2017年春季预算文件；3. 2017 年春季	1. 2016 年联邦预算法案。2. 预算计划。3. 预算详情。4. 部门预算	1. 年度预算重点；2. 一般会计预算框架；3. 一般会计收入支出预算状况；4. 日本经济与财政；5. 各类预算重点；6.（参考）2017年度税收收入	2016 年 12 月国会审议通过《2017年度预算》和《国家财政运用计划 2016—2020》。其中，2017年度政府预算报告共 289 页，主要包括 3 部分：	"预算案"的主要内容为经济家治理目标发展前景及政策，配套预算税政策；"估算案"的内容主要是计划出口部门预算	1号文件为总的财政收支等总的分析、估算、预测、展望。2号文件为中央各部委预算措施，分为收入措施、支出措施、资本措施三部分；	引言，2016年经济表现，2017 年经济展望。公共财政的目标与方向，2016/17 年度修订预算，巩固与提升

二 政府预算报告的国际比较与借鉴

续表

	美国	英国	德国	日本	韩国	加拿大	澳大利亚	中国香港
3. 预算报告的框架	政府信贷信息的补充文件；6. 分类分析的发言；7. 预算余额；8. 公共预算数据库；9. 经济假设（1976财年）；10. 2017财年预算中的长期预算项目；11. 中期评估	预算：哈蒙德的发言。4. 2017年春季预算：与税收相关的文件。此外，还有一些支撑性文件		及印花税收入预算。2017年1月20日财务省网站发布了另补充发布5个预算文件：1. 特别会计支出；2. 对独立行政法人的财政支出；3. 对地方的补助金支出；4. 预算编制中的PDCA循环机制；5. 参考资料："预算"的反映调查情况和财政评价的活用案例。	1. 2017年度预算案总统演讲和预算案说明；2. 2017年度预算；3. 2017年度预算和基金运用计划		3号文件为转移支付；4号文件为中央各部委资金的估算，包括财务资源、人员资源，费用和净资本投资四部分	支柱产业、多元发展、创造容量、公共财政、中期财政预测，结语。剩下的54页是补编和附录。
4. 有无总统演讲、财长演讲预算内容	有	有财政大臣演讲	有财政部长关于预算报告的简要文字说明	有，口头演讲	有年度预算案总统演讲和预算案说明	有财长预算演讲。从基础设施建设、创新和技能、机会公平、加拿大出世界的世界定四方面举例说明预算	有国库部长预算演讲。从就业、基本服务、生活成本压力，量入为出四方面说明了预算的选择	有财政司司长的演讲

续表

	美国	英国	德国	日本	韩国	加拿大	澳大利亚	中国香港
5. 预算报告主体文件	《美国(联邦)政府预算》《对预算的分析和透视》以及《(预算的)附件》等	《2017年春季预算》文件等	1. 总的预算计划 2. 预算详情 3. 部门预算	一般会计财政年度收入支出概算等	2017年度预算和基金运用计划	《××年预算》《××财年估算和政府支出计划和主体估算》第一部分、第二部分,加拿大财年次年4月1日至31日	××财年《预算演讲》《预算总览和展望》(1号文件),《预算措施》(2号文件),《联邦财政关系》(3号文件),《机构资源》(4号文件),澳大利亚财年7月1日至次年6月30日	2016年经济表现,2017年经济展望、公共财政目标与方向,2016/2017年度修订预算、巩固与提升多元产业发展、创造容量、公共财政,中期财政预测、结语
6. 预算报告的页数	1. 美国(联邦)政府预算,182页; 2. 对预算的分析和透视,418页; 3. 附件,1416页; 4. 历史表格,363页; 5. 关于联邦政府信贷信息的补充文件,109页; 6. 分类分析,107页; 7. 预算授权的余额,22页; 8. 公共预算数据库,3张表格和28页(1976财年—2017财年),每	1. 2017年春季预算: 你需要知道的21件事,1600字; 2. 2017年春季预算文件,64页; 3. 2017年春季预算: 菲利普·哈蒙德的发言,6900字; 4. 2017年春季预算: 与税收相关的文件们,共17份文件	3080页(2016年)	几十页至上千页不等	2017年度政府预算报告共289页	605页	85页	演讲词有112页

续表

	美国	英国	德国	日本	韩国	加拿大	澳大利亚	中国香港
6. 预算报告的页数	财年1张表；10. 2017财年的长期预算项目，13张表；11. 中期评估，74页							
7. 主要预算内容与详细程度	详细	一般	详细	详细	一般	详细	详细	详细
8. 预算报告的编制主体	总统预算管理办公室（OMB）	财政部具体负责编制，经内阁又同意以内阁又提交	联邦财政部与各部门执行部门	内阁	企划财政部	财政部国库委员会	国库部财政部	库务局和各预算部门
9. 预算报告编制时间周期	春季到次年2月	3月到次年3月	前两个年度12月到前一年度的12月	6月份至次年4月1日前		上一年3月至当年3月	每年10月至次年6月议会批	前一年4月到当年3月
10. 预算报告的编制过程	春季、颁布预算指南和初步的预算政策、预算管理办公室和各行政机构对预算进行讨论。7月，预算管理办公室发布公告，A-11号公告，	3月，财政部发布编制下一财年预算的通知。5月，各部门提交中期支出计划和审计署对审计计划和支出情况。6月，首相提出预算政策	1. 财政部将预算编制通知发放给各部门。2. 各部门提交预算框架和基础数据	各个省厅在8月底之前分别将预算分别提交到财务省，财务省审核后于12月中旬将预算原案提交内阁讨论，同时将财务省原案在各省厅	每年3月份计划向支出预算委员会下达预算指标确定的基本原则，10月份向国会速交预算草案，且宪法规定了向国会提交预算草案的最后	分为确立初步预算框架、内阁磋商、确定最终预算四个阶段。上一年—6月，内阁与国库委员会与准备与审查各	10月，财政部根据国库收入总规模、提出预算总体原则，编制各部门预算11月—12月，各财政部门交财政部；11月—12月，各部门预算建议及	预算编制准备和总体资源分配阶段（4月—8月）；正式编制阶段（9月—12月）；审核通过预

	美国	英国	德国	日本	韩国	加拿大	澳大利亚	中国香港
10. 预算报告的编制过程	为机构提交预算材料提供数据指导；9月，各行政机构向预算管理办公室提交预算要求。10月—11月，预算管理办公室对各行政机构的预算要求进行审查并下发预算审查顾问汇报。11月下旬，预算管理办公室同总统进行简要及高级别磋商，提供完整的一份预算建议。预算管理办公室将审查结果反馈给各行政机构，要求各行政机构的计划能体现可以表交预算的计划方案的各种可能性。11月，形成方案，同时提交大臣的冬季补充预算，国会审议通过，为预算审议通过前的那几个月提供拨款。12月，财政部门可以向预算管理办公室或次年2月一次补充预算。次年2月，财政部收集预算讨论与反馈信息，修订与预算管理办公室提出申诉，预算管理办公室汇总次年1月，预算管理办	目标和要求，财政部与各部门进行讨论、评估经济趋势和中期支出计划。8月，财政部提出有关公共支出预算的报告并交予委员会审查，经济趋势报告交中期评估报告。9月，财政部将经济趋势报告交议会审议。11月，财政部将预算草案提交议院和参议院进行审议	3. 财政部与各部门协商形成预算草案。4. 财政部将预算草案提交联邦议院和参议院进行审议	内部公示。各省厅通过和财务省讨论还价，年末经内阁讨论通过形成政府案，于次年1月向国会提出，国会审议通过后形成预算	期限是10月2日，国会批准预算草案的时间为12月2日	部门的支出计划；8月—9月，内阁对审查事项优先审查；9月—10月，各部门准备和呈交预算。10月—12月，进入预算前磋商过程；12月—次年1月，财政部门和国库委员会主席对支出做出最终决策；2月，首相和国库委员会主席"预算演说"，发表"预算案"，呈交"主要估算案"	财政部汇编的政府预算报送内阁支出审查委员会，随后审查委员会开会确定财政优先顺序；次年1月—2月，总理、财政部确定预算框架和目标，绩效评价成果等，新政策出预案；3月—4月，内阁支出审查委员会研究建议及财政部预算汇编形成政府支出预算案；5月，内阁政府预算报告，形成绿色预算文件，将呈送议会审议；6月30日前正式批准下年度预算	算案阶段（次年1月—3月）；实施阶段（4月初到第二年的3月底）

续表

	美国	英国	德国	日本	韩国	加拿大	澳大利亚	中国香港
10.预算报告的编制过程	公室审查为国会的预算申辩材料,编辑和打印预算报告。次年1月,总统向国会提交预算报告,时间不晚于2月的第1个星期一。	完成春季预算审查。次年3月—4月,财政大臣向议会提交春季预算。						
11.预算编制是否有绩效导向	有体现	有体现。议会的公共账户委员会负责检查并讨论经费使用是否经济、有效率和有效果。	无	尚未体现	未体现	有,2007年开始,支出管理体系的绩效提升。向所有联邦组织每四年进行一次战略复审。各联邦部委和机构(除皇冠公司)编制《计划和事项报告》,制定优先事项,目标和通过监控绩效指标的方案;多目标效能量绩效。还要编制《部门绩效报告》来衡量绩效。	有,1999/2000财年以来,预算根据广泛拨款指标认为退出部要进行项目复审,支出项目复审利用战略复策领域。独立机构还对各支出项目进行绩效评估,总署对各支出项目绩效汇报向议会汇报。	有

续表

	美国	英国	德国	日本	韩国	加拿大	澳大利亚	中国香港
12. 预算报告中是否体现部门预算内容	体现	体现。《1993年政府绩效法案》规定,各上交行政机构要上交战略性计划和绩效报告,要提供所有的预算信息以备国会制定政策和支出决策时使用。	体现	体现	体现	体现	体现	体现
13. 编制过程中与立法机构的沟通机制	未发现相关证据	未发现相关证据	有议会辩论过"三读制度"		未发现相关证据	预算前磋商自20世纪90年代金融危机时期开始实行,每年9月—12月,政府与议会进行七次协商会议	2012年建立的议会预算办公室提高了国民议会参与预算和财政问题的能力	预算编制过程中库务局会征求立法会的意见;预算草案也需要提交给立法会审议
14. 编制过程中与公众的沟通机制	未发现相关证据	未发现相关证据	财政部网站上公布草案公告和议程等一系列过程相关的视频和文件,并留有相关联系方式	在日本,从预算编制到提交国会审议整个过程中,形成的预算文件以及决算工作进展均披露至财务省网站,并留有相关省份负责部门的联系方式以供社会界监督。在日本,会以电视直播的形式公开预算审议的全过程	韩国预算报告审议前,广泛征集公众意见。预算报告提交国民大会前还有一个必要环节就是财政政策顾问委员会,这是根据韩国《全国财政法》成立的官方预顾问机构,成员包括中央政府部门的工作人员以及社会经济领域的专家,另外还邀	各省巡回预算前咨询会(市民见面大会、商会歌群聊、午餐会、圆桌会议)、预算推广、国际货币基金、私营部门经济学家答询委员、预算发布前禁风会、媒体吹风会	每年9月—12月,国库部在其网站发布征求意见的通知,公众可通过电话、电子邮件向在线国库部网站提交意见。在预算部交付给预算政策司的工作人员,澳大利亚国家审计署还曾通过其网站、在其网站对预算绩效	有专门针对公众的预算报告版本,并通过宣传形式向市民公开预算报告内容

续表

	美国	英国	德国	日本	韩国	加拿大	澳大利亚	中国香港
14. 编制过程中与公众的沟通机制					请地方官员参加,目的是中央政府能够向其解释预算目标以及全国财政状况,同时地方政府也能够解释其财政状况并再次呼吁其项目。		审计的证据收集阶段,试点公民参与。发过预算前禁风收风会	
15. 预算报告的公开程度	提交国会同时在网站公开		对公众公开,可在财政部网站上下载	日本宪法规定"内阁必须至少每年一次,向国会及国民就国家的财政状况及财政法规定的其他事项做出报告"。财政法规定内阁通过后应立即将预算、上年度收支决算及公债、借款、国有资产现存总额及其他财政相关的一般事项,使用印刷、讲演或其他适当方法向国民报告	对公众公开,可在财政部网站上下载	《预算公开调查》对各国代表了透明度的基本组成部分的8个主要预算文件公开情况进行了定期评估。8个文件分别为预算长官预算建议、行政长官预算、公民预算、年内报告、年中复审报告、年终报告、审计报告,加拿大除了预算前报告和公民报告2项未编制之外,8项中的其他6项	《预算公开调查》对各国代表明度的基本组成部分的8个主要预算文件公开情况进行了定期评估。8个文件分别为预算长官预算建议、行政长官预算、公民预算、年内报告、年中复审报告、年终报告、审计报告,澳大利亚除了预算前报告1项未编制之外,8项中都有编制并且对公众公开,并且符合国际标准的时间表	对所有人公开,可在政府网站上下载

34

续表

	美国	英国	德国	日本	韩国	加拿大	澳大利亚	中国香港
15. 预算报告的公开程度						都有编制并对公众公开,并且符合国际标准的时间表		
16. 预算的审议	国会在收到总统提交的预算草案后,国会预算委员会将对预算草案进行分析,并于3月向国会提出建议。同时,国会预算局发布报告,该报告对于宏观经济的预测与总统制定方面的预算草案中的宏观经济预测完全不同,并就此与总统经济顾问委员会公开辩论。众议院与参议院国会两院之间围绕预算的博弈正式拉开。最终的结果是人立	预算报告于4月9日提交国会;4月10—14日就预算报告和预算决议进行辩论;4月14日形成预算决议,初订财政法案;5月6日财政法案下议院二读(在下议院宣读财政法案的原则);之后进行三读,下议院通过的财政法案将提交上议院并通过;6月国会审议财政部代表内阁提出的支出预算,形成拨款法案;7月底或8月初形成公共	联邦议院对预算报告的审议实行"三读制":"一读":议会对财政部提交的预算草案提出基本看法;"二读":议会预算委员会对各项预算计划进行审查;"三读":议会对所有关于预算案的决议进行表决通过	1. 在全体大会,财务大臣发表财政演讲;2. 提交预算委员会;3. 在预算说明主要内容;4. 基础质询(全体内阁成员出席);5. 一般质询(质询内阁成员要求的出席);6. 召开听证会;7. 召开分科会;8. 召开汇总会(全体成员出席);9. 讨论、表决;10. 在全体大会进行讨论、记名表决;11. 将议院提交参议院;12. 参议院预算委员进行审议	政府在9月3日前向国会提交下一年度的预算案。决议印发所有委员会内容同时,首先交付国会的常任委员会进行预审议的常任委员会,议长在决算报告后附有的决算给国会全体会议,加强国会议长任命专门委员会审查后提交本会议表决。别审查结束后,交预算决算特别委员会审议,决议有薪工作任薪的财政年度开始前的30天内完成。国会决议	9月底,下议院就预算政策开公众听证程序;10月中旬,财政部长向下议院财政委员会汇报预算的财政政策;12月初,财政委员会发布磋商报告;次年2月底,财政部长发布预算报告,国库委主席发布各部门的《计划和优先事项报告》;3月,国会授权政府4月—6月的临时资金供给;5月	每年3月,内阁中的预算委员会对年度预算收支说明进行审核,确定项目排序;4月,联邦总理和内阁核定预算方案,并最终形成预算草案;5月,政府将预算草案提交国会众议院。国库部长在此过程中要接受众议院三读通过后送回众议院,众议院通过后交具法律效率的国家预算	库务局将预算草案提交给司长,经财政司长,经政府高层最后定提立法会

续表

	美国	英国	德国	日本	韩国	加拿大	澳大利亚	中国香港
16. 预算报告的审议	法程序，包括制定和颁布收入法案、授权法案、拨款法案	基金法案；7月底或8月初国会表决通过年度拨款法案；8月5日英王签署财政法案和年度拨款法案		13. 参议院通过预算；14. 如在参议院被否决，将召开两院协商会进行协商；15. 两院协商无果的情况下，众议院议决后30日即自然通过	的预算案由议长送交政府，总统在15天内公布预算法案。总统也有权否决国会通过的议案	底，常务委员会报告对估算案的审查结果；6月，批准估算案		
17. 预算和政府其他相关报告（如规划）的关系	未发现证据，但预算报告中就有国家发展目标、预测及中期预算方面的内容	未发现证据，但预算报告中就有国家发展目标、预测及中期预算方面的内容		财政（预算）演讲，施政方针报告，外交报告，经济报告同为重要的每年例行的政府四演讲之一		哈珀政府时期的名字是《经济行动计划》，与《经济行动计划》相应的《经济行动计划》法案。特鲁多政府以来不再有这种叫法。加拿大没有类似于我国"十三五规划"的中长期经济目标，中长期目标反映在预算中，预测反映在预测中	澳大利亚没有类似于我国"十三五规划"的中长期规划，直接反映在预算中。2016年，政府发布《国民经济增长的就业和增长计划》，之后的预算都围绕增长的主题	

主要参考文献:

[1] Burns R C, Lee R D. The ups and downs of State Budget Process Reform: Experience of three Decades [J]. Public Budgeting & Finance, 2004, 24 (3): 1 - 19.

[2] Bastida F, Benito B. Central Government Budget Practices and Transparency: An International Comparison [J]. Public Administration, 2007, 85 (3): 667 - 716.

[3] The OMB, Budget of the U. S. Government, Fiscal Year 2017, Feb. 9, 2016.

[4] The OMB, Analytical Perspectives, Feb. 9, 2016.

[5] The OMB, Appendix, Feb. 9, 2016.

[6] OECD. Best Practices for Budget Transparency [EB/OL]. http://www.oecd.org/dataoecd/33/13/1905258.pdf, 2002.

[7] OVERVIEW OF PREVIOUS PUBLIC ADMINISTRATION REFORMS IN AUSTRALIA, VALUE FOR MONEY IN GOVERNMENT: AUSTRALIA 2012 © OECD 2012.

[8] Allen Schick, the Federal Budget, the Brookings Institution, 1995, P36.

[9] https://www.whitehouse.gov/omb/budget. 2017.

[10] http://www.ala.org/advocacy/advleg/advocacyuniversity/budgetpresentation/making_the_presentat/qualities. 2017.

[11] http://www.mof.go.jp/budget/budger_workflow/budget/. 2017.

[12] https://www.gov.uk/government/topical-events/spring-budget-2017. 2017.

[13] http://www.gouvernement.fr/en/the-2016-budget-bill. 2017.

[14] 白景明. 提高财政透明度应循序渐进 [J]. 人民论坛, 2010, (2).

[15] 张馨, 袁兴侯, 王玮. 部门预算改革研究 [M]. 经济科学出版社, 2001.

[16] 马蔡琛. 如何解读政府预算报告 [M]. 中国财政经济出版社, 2002.

[17] 世界银行. 超越年度预算 [M]. 中国财政经济出版社, 2014.

[18] 周潇枭, 刘尚希. 预算体现了一种法治理念 [N]. 21世纪经济报道, 2015 - 01 - 01 (022).

[19] 王淑杰. 英国政府预算制度 [M]. 经济科学出版社, 2014.

［20］外国政府预算编制研究课题组. 美国政府预算编制［M］. 中国财政经济出版社，2002.

［21］杨华柏. 美国的预算法律制度［J］. 中外法学，1994（5）.

［22］Allen Schick 著，荀燕楠译. 联邦预算——政治、政策、过程［M］. 中国财政经济出版社，2011.

［23］肖鹏. 美国联邦预算管理法律体系演变与启示［J］. 财贸研究，2009.6.

［24］财政部综合计划司. 外国（地区）政府预算报告选编［M］. 黑龙江科学技术出版社，1991.

［25］《德国联邦预算法》，1969 年颁布，1997 年修订。

课题指导：傅志华
课题组长：马洪范
课题组成员：李　欣　李成威　吕旺实
　　　　　　景婉博　刘翠微　于雯杰
执　笔　人：马洪范　李　欣　李成威
　　　　　　景婉博　刘翠微　于雯杰
总　　　纂：马洪范

分报告1：英国政府预算报告分析与借鉴

英国政府年度预算报告已扩展成为英国公共部门年度预算报告，它是指英国财政部具体负责编制、经内阁同意以内阁名义提交给议会审议的英国公共部门年度预算文件[①]。目前英国不再单独编制政府年度预算报告，而是编制国家的公共部门年度预算报告，其预算涵盖的范围除政府外（既包括中央政府也包括地方政府），还包括非金融类国有企业、英格兰银行（央行）、其他国有金融机构。英国公共部门年度预算经议会审议后，以财政法案和拨款法案的形式实施。

一、政府预算报告的发展历史

（一）英国政府预算的发展历程

近现代政府预算最初产生于英国，英国政府预算的历史很长，可以从1215年《大宪章》约束了国王的征税权开始[②]：

1. 早期阶段

1215年《大宪章》开始，国王的征税权受到限制。《大宪章》第12章明确指出：“除非得到普遍赞同，否则在王国中既不应征收兵役税，也不应征收协助税。”这样，《大宪章》第一次将"非赞同毋纳税"原则以法律形式确立下来，并逐步成为英国宪法的基本原则之一，成为政府预算的起点。国王或多或少都要

[①] 英国预算也有年度预算和中期预算之分，另外英国的地方政府也编制年度及中期预算，其他预算报告都不是本文讨论的内容。

[②] 张馨，袁星侯，王玮. 部门预算改革研究［M］. 经济科学出版社，2001，P1~74.

依赖税收来满足部分支出需要,议会和国王就征税及支出说明开始了控制国家收支的较量。

2. 中期阶段

1688年的"光荣革命"使议会权力得到了确立,而此前君主和议会一直在角力之中,君主权力较大,议会并没有取得国家的控制权,从威廉三世开始,重大国家事务的最后决定开始由议会而不是君主做出。随着议会权力的确立,政府预算进入了新时期,议会控制了政府甚至是国王个人的收入和支出。

3. 近期阶段

英国政府预算近期阶段开始于1852年格莱斯顿首次担任财政大臣的日期。到19世纪中期,议会在政治上完全拥有了财政控制权。在政治上,下议院有了更强有力的地位;控制技术继续得到改进,手段先进了,拥有了完备的制度和办法实施财政控制。19世纪下半叶,议会对财政的控制达到顶点,其后由于议会对详细审查预算失去兴趣,减弱了对财政的控制力度。

(二)英国政府预算报告的发展历程

1. 早期阶段

议会为了对税收和政府支出进行控制,要求政府对其进行说明的文件被称为"陈述"(Accountability),这也就是出现了真正意义上的政府年度预算报告。陈述狭义上指行政当局向议会提交的关于公共支出的说明与解释,广义指行政当局就公共支出对议会负责。广义的陈述不仅包括支出情况的说明,还应包括议会对公共支出的批评、对非授权支出或超额支出的制裁等。政府向议会提交年度预算报告可以追溯到14世纪后期,如1380年约翰·基尔德斯伯格爵士(Sir John Gildesburgh)作为议会发言人,要求君主对其所需金额的用途做清楚的陈述。

2. 中期阶段

到安妮女王(1702—1714年在位)的末期,财政部每年都要编制年度预算并提交议会审查,并且成为惯例。预算(Estimate)一词在19世纪初开始被逐渐使用。到1822年,陈述的内容已经包括财政计划收入、计划支出及预期的盈余或赤字等内容。1840年5月30日,博林博士提出政府各部门必须向议会呈送全部的年度预算的议案。随着该议案的通过,财政部指示所有的政府部门都必须向议会呈送全部的年度预算数。

3. 近期阶段

格莱斯顿启动了一系列财政改革,向议会递交各部门预算及经审计的账户信息的做法按现代方式制度化了。所有的财政资料都有规律地呈送议会,并由公共账户委员会在专家指导下进行详细审查。二战后,英国重要企业被大量国有化,陈述制度涉及到国有企业的陈述问题。政府没有强迫国有企业向议会提交年度支出预算,唯一而且必须提交的是他们由政府授权或由政府担保借款的资本性投资计划。

二、政府预算报告的框架与主要内容

目前,英国财政部每年分春、秋两季各编制一份预算,这两份预算报告在内容、框架和涵盖的年限上基本一致,春季预算是对秋季预算的更新。另外,根据《2017年春季预算》(Spring Budget 2017),分春、秋两季编制和发布预算的方式将发生变化,未来每年将只有一份秋季预算。本文写作时秋季预算还未发布,因此以《2017年春季预算》为例对英国公共部门年度预算报告的框架和内容进行简要介绍。

(一) 预算报告的框架

2017年3月8日,英国财政大臣将编制的春季预算即《2017年春季预算》提交给议会。《2017年春季预算》共包括四份文件,分别为:(1)2017年春季预算:你需要知道的21件事(Spring Budget 2017:21 things you need to know);(2)2017年春季预算:文件(Spring Budget 2017:documents);(3)2017年春季预算:菲利普·哈蒙德的发言(Spring Budget 2017:Philip Hammond's speech);(4)2017年春季预算:与税收相关的文件(Spring Budget 2017:tax-related documents),详情参见表1及下文。此外,还有一些支撑性文件,如《税收立法和税率综述》(Overview of tax legislation and rates)、《2017年财政法案》(Finance Bill 2017)。

表1　　　　　　　英国《2017年春季预算》的文件列表

	文件名称的中文翻译	文件名称	提交时间	页/字数
1	2017年春季预算:你需要知道的21件事	Spring Budget 2017:21 things you need to know	2017年3月8日	1600字
2	2017年春季预算:文件	Spring Budget 2017:documents	同上	64页

续表

	文件名称的中文翻译	文件名称	提交时间	页/字数
3	2017 年春季预算：菲利普·哈蒙德的发言	Spring Budget 2017：Philip Hammond's speech	2017 年 3 月 8 日	6900 字
4	2017 年春季预算：与税收相关的文件	Spring Budget 2017：tax-related documents	同上	共 17 份文件

资料来源：英国财政部网站，https://www.gov.uk/government/topical-events/spring-budget-2017。

（二）预算报告的内容概述

1. 《2017 年春季预算：你需要知道的 21 件事》

《2017 年春季预算：你需要知道的 21 件事》全文近 1600 字，把财政大臣提交的预算总结成 21 条要点，分别进行了简要概述。第 1 条讲的是经济预测，具体内容是："2016 年，英国经济再次启动增长步伐。而且就业创下历史新高，就业人口达 3180 万。根据预算责任办公室（OBR）的近期预测，英国在 2017 年将实现 2% 的经济增长。2018 年经济增长率会略低于 2017 年，到 2021 年前，经济增长将重回 2%。"第 2 条讲的是减少借款，稳定财政。第 3 条讲的是在未来的 3 年将拨款 20 亿英镑用于成年人的社会医疗支出（social care）①……

2. 《2017 年春季预算：文件》（Spring Budget 2017：documents）②

《2017 年春季预算：文件》共 68 页，主要包括两大部分，分别是预算概要和预算报告，文后列出缩略语对照表和图表清单，具体框架如专栏 1：

专栏 1　英国《2017 年春季预算：文件》的框架

1. 预算概要

　　1.1　经济形势

　　1.2　财政展望

　　1.3　公平和可持续的税收体系

　　1.4　提高劳动生产率和改善人民生活

　　1.5　建设为所有人服务的经济

---

① HM Treasury, Spring Budget 2017：21 things you need to know, 8 March 2017，英国财政部网站。
② 这部分参考了 HM Treasury, Spring Budget 2017：documents, 8 March 2017，英国财政部网站。

```
        1.6  预算决定
        1.7  政府收支
    2. 预算报告
        2.1  经济和财政
            2.1.1  经济预测
            2.1.2  财政展望
        2.2  政策决定
        2.3  税收
            2.3.1  对个人征收的所得税
            2.3.2  对工商企业征收的所得税
            2.3.3  财产税
            2.3.4  能源交通税
            2.3.5  间接税
            2.3.6  税收监管
            2.3.7  逃税、避税和税收遵从
            2.3.8  税收欺诈、失误和负债
        2.4  劳动生产率
            2.4.1  简介
            2.4.2  国家劳动生产率投资基金
            2.4.3  市和地区
        2.5  公共服务和市场
            2.5.1  简介
            2.5.2  社会保障和国民健康保险（NHS）
        附件A  融资
        附件B  预算责任办公室的经济和财政展望（部分主要表格）
    3. 缩略语
    4. 表格清单
    5. 图表清单

    资料来源：根据英国财政部网站的《Spring Budget 2017：documents》翻译和整理。
```

《2017年春季预算：文件》的预算概要部分有4页，对预算要点进行了概要性阐述，包括上文框架中所列的7个方面的内容，分别是：（1）经济形势；（2）财政展望；（3）公平和可持续的税收体系；（4）提高劳动生产率和改善人民生活；

（5）建设为所有人服务的经济；（6）预算决定；（7）政府收支。

《2017年春季预算：文件》的预算报告部分共48页，对预算进行了详细阐述，包括五章和两个附件。五章的题目分别为：（1）经济和财政（展望）；（2）政策决定；（3）税收；（4）劳动生产率；（5）公共服务和市场。两个附件分别为：（1）融资；（2）预算责任办公室的经济和财政展望（部分主要表格）。

《2017年春季预算：文件》中财政数据涵盖的年份一般从2016—2017财年到2021—2022财年，跨越6个财政年度，第1个财年是即将结束的财年，第2个财年是本预算年度，此外还包括本预算年度之后的4个财政年度，给出的数据包括收入、支出、借款、债务等信息。但是对于具体支出类别的数据涵盖年限有所缩短，例如对经常性支出中的部门支出（不包括折旧）的涵盖年限是从2016—2017财年到2019—2020财年，除本财政年度外还包括之后的2个财政年度。

《2017年春季预算：文件》中共包含13个表格和7张图表，具体图表名称见专栏2：

专栏2　英国《2017年春季预算：文件》图表清单

表格清单	图表清单
1. 2017年春季预算的政策决定	1. 2017—2018财年公共部门支出
2. 预算责任办公室的经济预测	2. 2017—2018财年公共部门收入
3. 2016年秋季报告后公共部门净借款与预算责任办公室的预测的差异	3. 英国实际GDP
4. 预算责任办公室对借款占GDP比重的预测	4. 失业率
5. 预算责任办公室对债务占GDP比重的预测	5. 周期性调整后的公共部门净借款
6. 管理总支出（即公共部门的总支出）	6. 公共部门债务
7. 部门（经常性）预算	7. 劳动生产率和雇员补偿
8. 部门资本性预算	
9. 2017—2018财年到2021—2022财年对预算有影响的其他交易活动	
10. 2017年春季预算的政策决定	
11. 2016年秋季报告或更早发布的在2017年4月以后将会实施的措施	
12. 2016—2017财年和2017—2018财年的融资情况	
13. 融资需求	

3.《2017年春季预算：菲利普·哈蒙德的发言》（Spring Budget 2017：Philip Hammond's speech）

2017年3月8日，英国财政大臣菲利普·哈蒙德（Philip Hammond）在英国春季预算提交给议会的同时，向议会提交了一份口头陈述（oral statement），即英国财政大臣菲利普·哈蒙德就2017春季预算的发言（Spring Budget 2017：Philip Hammond's speech）。该发言全文较长，英文有近6900字左右，主要包括以下内容：（1）经济形势及预算宗旨；（2）预算责任办公室对经济及财政形势的预测；（3）财政政策，具体涉及借款、债务、税收、支出政策；（4）总结及倡议，其中税收及支出政策是发言的主体，共占发言全文2/3左右的篇幅。①

另外，在内阁向下议院提交预算的当日，财政部长还要到议会发表演说，详细报告经济现状以及年度预算的内容，包括关于收入的立法建议及拨款法案，说明未来三年公共支出、经济预测与财政政策、税源变化及增减税情况等，演说历时约1小时到1.5小时左右。

4.《2017年春季预算：与税收相关的文件》（Spring Budget 2017：tax‐related documents）

《2017年春季预算：与税收相关的文件》共包括两大类内容，一是2017年3月8日起将开始实施的一些措施，共5份文件；二是税收信息及其影响的提示，共12份文件。2017年3月8日起将开始实施的一些措施包括的5份文件分别为：（1）企业所得税和所得税：待销存货（appropriations to trading stock）的税收处理；（2）所得税和企业所得税：出售在英国的土地；（3）保险费税：反垄断；（4）推进避税方案：关联和继任规则；（5）合格并经确认的海外养老方案：对资金的转移收费。税收信息及其影响的提示包括的12份文件分别为：（1）航空旅客税：税率变动；（2）酒精税：税率变动；（3）公司所得税：混杂和其他错配；（4）博彩税：赌场赌博总收益税收级距的增加；（5）所得税：红利抵扣；（6）增加采用收付实现制会计的非公司企业的税收门槛；（7）税收数字化；（8）香烟的最低消费税；（9）公共部门的工资单上没有体现的工作：中介立法的变化；（10）降低换汇的年度限额；（11）增值税登记门槛；（12）车辆消费税：增加小轿车、箱式货车、摩托车和摩托车交易许可的税率。②

---

① HM Treasury, Spring Budget 2017：Philip Hammond's speech, 8 March 2017, 英国财政部网站。
② HM Treasury, Spring Budget 2017：tax‐related documents, 8 March 2017, 英国财政部网站。

三、政府预算报告的特点

现代预算制度起源于英国。从国王预算,到政府预算再到公共部门预算,英国的公共部门年度预算报告经历了 600 多年的历史,总结其特点十分有助于借鉴英国的现代预算制度。英国公共部门年度预算报告有如下特点:

(一) 以内阁名义提交

英国公共部门年度预算报告由财政部负责编制。虽然预算报告的编制主体是财政部,但是预算由内阁向国会负责。财政部在预算编制完成后,先提交给内阁会议。内阁负责审查预算的指导方针和目标,重点是支出的效益和有效性,如审查各政府部门履行职责及完成规定任务的情况,全面审查预算支出是否超过限额、社会保障资金的运用、区域政策和就业政策的有效性[①]。内阁审查通过后,预算报告由内阁以其名义提交给国会。

(二) 涵盖内容除政府外还包括国有企业

英国不单独编制政府预算,编制的公共部门年度预算报告中,其预算涵盖的范围除政府外(既包括中央政府也包括地方政府),还包括非金融类国有企业、英格兰银行(央行)、其他国有金融机构。这是因为二战后,英国重要企业被大量国有化,政府预算已经无法全面如实反映国家的财政状况。

(三) 篇幅不长

《2017 年春季预算》共包括四份文件,汇总来看包括一份 68 页的文件、两份共 8000 多字的文件及多份税收相关文件,其中最重要的文件《2017 年春季预算:文件》共 68 页,而其主体的预算报告部分共 48 页,包括五章和两个附件,五章分别为:(1) 经济和财政(展望);(2) 政策决定;(3) 税收;(4) 劳动生产率;(5) 公共服务和市场,两个附件分别为:(1) 融资;(2) 预算责任办公室的经济和财政展望(部分主要表格)。与其他国家相比,例如美国联邦政府年度预算报告共有 2719 页的文件及 80 张 excel 形式的表格,其中最重要的文件

---

① 廖晓军等. 国外政府预算管理概览 [M]. 经济科学出版社,2016,P16~17.

《2017 财年美国（联邦）政府预算》（Budget of the U. S. Government, Fiscal Year 2017）共 182 页，英国公共部门年度预算报告的篇幅相对较少，内容不很详细。

（四）采用权责发生制会计原则

英国在政府会计领域采用权责发生制原则。英国 1995 年正式在政府部门引入资源会计和预算（RAB），它是一种以权责发生制为核算基础的中央政府会计与预算，即采用权责发生制基础进行政府预算的编制、预算执行的会计处理和政府财务报告的编制，目的是更全面、系统地反映公共部门运行的成本和资源耗费的成本。2000 年颁布的《2000 年政府资源与账户法案》确定了权责发生制在政府会计和预算中的地位。目前，英国政府各部门、主要的政府基金、地方政府均推行了资源会计与预算。事实证明，它使各部门可以集中关注服务的提供及产出和成果，也使议会的控制得到进一步加强，监督和审查方可以更多关注重要事项，更为快捷地发现高质量的数据，对政府业务进行复杂的成本分析，为在不同的支出方案之间进行政策选择提供更充分的信息。而且，对公共部门提供的服务与私人部门提供的服务可以进行更为直接的比较，有利于政府部门总体效益和管理效率的提高。总之，权责发生制的建立对于确定合理的预算拨款规模、制定科学的绩效规划、调整未来绩效目标等提供了关键性支撑。[①]

（五）流程规范

英国财政年度从上一年的 4 月 1 日到下一年的 3 月 31 日。预算报告是先有秋季报告（即秋季预算），后有春季预算。预算的审议是先审议财政法案（即收入方面的法案），后审议拨款法案。预算一般在新财年开始前 1 年左右开始编制，春季预算在新财年开始前的 3 月份提交到国会，在新财年开始后的 4 个月左右完成审批程序，政府预算编制周期为 1 年，预算编制到审批完成的周期为 16 个月，详见表 2。

表 2　　　　　　　　英国预算编制和审批程序

时间	内容
3 月	财政部向各政府部门和机构发布编制下一财年预算的通知，各部门和机构对自己的支出进行检查和评估，进行概算

---

① 中国财政部国际司. 国际司：英国公共财政管理 [M]. 中国财政部网站，http://gjs.mof.gov.cn/pindaoliebiao/cjgj/201406/t20140625_1104296.html。

续表

时间	内容
5月	各部门和机构向财政部提交中期支出计划和国家审计署对部门支出计划的审计情况,部门支出计划包括总体情况、支出净额、支出范围和项目、支出的作用和功能等
6月	首相提出预算政策目标和要求,财政部与各部门就支出总额、政策目标等进行讨论,组织对经济趋势、各部门和机构的中期支出计划进行研究和评估
8月	财政部根据讨论、研究和评估,提出关于公共支出预算报告并交公共支出监督委员会审议,经济趋势报告交中期评估委员会审议
9月	财政部根据委员会审议的情况,将经济趋势报告和有关预算的各种可能的计划方案列表提交政府各位部长,让部长们对计划措施和方案进行比较和选择,确定公共支出方案,形成预算
11月	财政大臣向议会提交秋季报告(即秋季预算),意在围绕预算问题开展全国性讨论。财政部同时提交"冬季补充预算",国会审议通过后,为新财政年度最初几个月(注:预算审批通过前的那几个月)提供拨款
12月—次年2月	财政部收集预算讨论信息,修订预算,完成春季预算
次年3—4月	财政大臣向议会提交春季预算,国会(下议院)审议并通过预算决议,起草财政法案。4月1日,新财年开始
次年5月	财政法案在国会下院二读、三读和通过。预算收入审议过程结束
次年6月	国会审议财政部代表内阁提出的支出预算,形成支出决议,起草年度拨款法案或公共基金法案
次年7月底或8月初	国会表决通过年度拨款法案
次年8月5日	英王签署财政法案和年度拨款法案

资料来源:刘明慧,外国财政制度,东北财经大学出版社2008年版,第108—109页。

四、对我国的启示和借鉴

英国预算制度发展较早,目前比较完善,而且英国也是中央集权型的单一制国家,行政机构与立法机构的关系与我国有相似之处,国有企业规模也较大,因此英国的年度预算报告对我国有很好的借鉴意义。

(一) 预算报告的内容要服从目的

英国实行内阁制,预算报告以内阁名义提交给议会。内阁由议会下院多数党的党魁出任首相,由首相组阁。因此英国的内阁和议会都以多数党为主体,内阁提交的预算报告在议会下院通过难度不大,也就是说如果议会下院中多数党的席位较多并且稳固,如现在的英国,那么内阁提交的预算在议会上可能经较小改动或者基本没什么改动就会得以实施,议会对预算的审议并不是行政机构与议会的战场。因此预算报告的内容和形式不是行政机构追求的重点,预算报告只要能充分反映内阁的政策方针和明确预算的各主要内容即可。

我国预算草案是财政部代表国务院编制,不存在与全国人大之间的博弈,这与英国的情况较为类似,主要问题是让预算草案如何更易读易懂和方便审议,因此在年度预算报告的框架和内容方面,英国是我国很好的可以参考的样本。

(二) 扩充预算报告的内容

英国《2017年春季预算》共包括四份文件,分别为:(1) 2017年春季预算:你需要知道的21件事(Spring Budget 2017: 21 things you need to know);(2) 2017年春季预算:文件(Spring Budget 2017: documents);(3) 2017年春季预算:菲利普·哈蒙德的发言(Spring Budget 2017: Philip Hammond's speech);(4) 2017年春季预算:与税收相关的文件(Spring Budget 2017: tax - related documents)。内容分别是预算的要点、预算文件、财政大臣的发言和税收类文件。汇总来看包括一份68页的文件、两份共8000多字的文件及多份税收相关文件,其中最重要的文件《2017年春季预算:文件》共68页,其主体的预算报告部分共48页。

我国2017年提交全国人民代表大会审议的《关于2016年中央和地方预算执行情况与2017年中央和地方预算草案的报告》分为3个部分:(1) 上年预算执行情况;(2) 本年预算草案;(3) 本年财税改革,全文共1万5千多字。从篇幅及内容来看,存在可以改进的地方。比较而言,我国预算报告可以考虑从以下方面进行改进:(1) 预算报告集中在预算上,决算数在表格中体现,除非特别必要的否则不用专门提及;(2) 目前预算报告收入方面的内容过少,有必要增加;(3) 预算的要点或者主要变动有必要单独列出,重点阐述;(4) 四个方面的预算收支信息过于简单,缺乏各种分类的预算信息,如行业分类或部门分类的预算详情,建议适当增加;(5) 预算报告可以适当增加些表格。

(三) 整合预算信息

英国公共部门数据(Public Sector Finances)中关于财政的各项指标的数据统计中把公共部门在一张表中进行统计,在排除英格兰银行前(包括中央政府、地方政府及非银行类国有企业)汇总一次,包括英格兰银行汇总一次,包括其他国有银行再汇总一次。在有的详细统计时,还把中央政府、地方政府、非银行国有企业分别列示。

我国目前的数据是把预算分成了一般公共预算、政府性基金预算、国有资本经营预算、社会保险基金预算,缺乏对四本预算的整合,不能更清晰地反映政府的财政状况,另外也缺少国家资源变动表(也有人称国家资产负债表)来与之进行对照。

(四)加强经济和财政预测能力

《2017年春季预算:文件》是英国2017年公共部门年度预算报告最重要的文件,这份文件的第一部分就是讲对经济和财政的预测,而2017年英国预算报告的另一份文件,《2017年春季预算:菲利普·哈蒙德的发言》中也是开篇就讲了英国宏观经济现状及对经济和财政的预测,预测期包括本财年及其之后的4个财年,本财年的预算最后要成为法律,之后4个财年的预算作为审议预算的参考。

我国的预算草案只是本财年的预算,无法看出本财年的财政决策或政策对今后财年会产生的影响,因此无法估计其对未来财政状况的影响及考虑代际公平的问题,因此有必要在加强中期财政规划编制能力的基础上,继续提高和加强对宏观经济的预测能力,并在此基础上以其他条件不变的原则编制中期预算,并把中期预算的结果在年度预算中加以反映。

主要参考文献:

[1] 张馨,袁星侯,王玮. 部门预算改革研究 [M]. 经济科学出版社,2001.

[2] 英国财政部网站关于2017年春季预算的介绍,https://www.gov.uk/government/topical-events/spring-budget-2017.

[3] HM Treasury, Spring Budget 2017: 21 things you need to know, 8 March 2017,英国财政部网站。

[4] HM Treasury, Spring Budget 2017: documents, 8 March 2017,英国财政部网站。

[5] HM Treasury, Spring Budget 2017: Philip Hammond's speech, 8 March 2017,英国财政部网站。

[6] HM Treasury, Spring Budget 2017: tax-related documents, 8 March 2017,英国财政部网站。

[7] 刘明慧. 外国财政制度 [M]. 东北财经大学出版社,2008.

［8］廖晓军. 国外政府预算管理概览［M］. 经济科学出版社，2016.

［9］中国财政部国际司. 国际司：英国公共财政管理［M］. 中国财政部网站，http：//gjs. mof. gov. cn/pindaoliebiao/cjgj/201406/t20140625_ 1104296. html.

（执笔人：李欣）

分报告2：德国联邦政府预算报告分析与借鉴

预算管理制度是国家管理财政资金的重要手段和工具。中共十九大报告提出，"加快建立现代财政制度……建立全面规范透明、标准科学、约束有力的预算制度。"因此，预算管理制度的改革是现代财政制度建立的关键环节，是现代国家治理的基本制度与法治国家的基本要求。预算管理制度最直观的表现形式就是政府预算报告。政府预算报告，即财政预算执行情况和预算草案的报告，是各级政府财政部门代表该级政府向公众和立法部门报告上一年度财政预算执行情况和本年度预算安排的正式文件。政府预算报告是反映政府一切政治经济政策的"镜子"，是政府最重要的决策文件。

预算这个概念最早产生于西方国家，因此，我们作为后来者应该借鉴西方国家在预算管理制度改革中的先进经验，但由于国情差异，我们在借鉴时不可照搬，而应该有所选择。在众多国家中，德国的财政表现一直都很出众，德国也是2008年金融危机爆发后少有的几个受到波动较小的国家之一，这与其严谨而成熟的预算管理制度也密不可分。

一、预算报告的法律依据

根据德国的宪法和其他相关法律，德国联邦政府每年都需要递交一份预算草案，对联邦政府下一年度的财政支出安排以及财政资金的来源——包括财政收入和借债情况进行说明。预算草案只有在经过联邦议会审议修订和通过后，才可以正式立法，成为最终的预算法案。整个过程联邦参议院参与审议，但不需要其通过。

德国的预算编制全过程有着成熟完善的法律框架作为保障和依托。《基本法》为德国的财政管理和预算编制提供了根本框架，其他国家和联邦层面的法律法规则从更加具体和细致的角度规定了预算编制的基本原则，包括其年度性、统一性、灵活性、议会审批原则等。

（一）《基本法》①

德国是典型的联邦制国家，《基本法》作为德国的宪法和第一大法，规范和约束了联邦和州之间的关系和行为。根据《基本法》关于预算编制的规定，（1）联邦和各州的预算各自独立、互不依赖。联邦和各州编制预算时，应考虑整体经济平衡的需要。（2）联邦的全部收入和支出均应编入预算计划，预算计划必须保持收支平衡。（3）预算计划按年划分为一个财政年度或几个财政年度，预算计划应在第一个财政计划年度开始前由预算法律予以确定。对于预算计划的部分内容，可规定按财政年度划分的不同期间分别有效。（4）2009 年起，"债务刹车"规定被写进了《基本法》，来加强对预算收支平衡原则的约束。

（二）《德国联邦预算法》②

这部法律主要规定了联邦政府预算的原则、预算编制和管理的基本流程，以及预算执行和审计的执行依据。该法律规定，预算法草案应当连同预算案草案一起由联邦政府作出决议。在预算年度开始前，预算法草案应连同预算案草案一起提交到联邦参议院和联邦议院，通常最迟在 9 月 1 日之后的联邦议院的第一个会议周提交。同时，还规定，联邦财政部应当就预算法草案和预算案草案提交一份与总体经济发展联系在一起的有关财政经济现状及其预期发展的报告。

（三）《德国经济稳定与增长促进法》③

该法案规定了联邦政府和州政府的预算都应该满足总体均衡原则。同时规定联邦政府有提交年度经济报告的义务，也就是说联邦政府必须在每年 1 月向联邦议院和联邦参议院提交年度经济报告，包括联邦政府在本年度内要致力于争取的经济和财政目标，并对本年内计划中的经济政策和财政政策加以说明。该法律还建立了经济协调储备金制度。为了防止对国民经济平衡的破坏，联邦政府经联邦

---

① 《基本法》，1949 年颁布，2009 年最后修订。
② 《德国联邦预算法》1969 年颁布，1997 年修订。
③ 《德国经济稳定与增长促进法》，1967 年颁布，1994 年修订。

参议院批准可以发布法律性命令,指示联邦与各州为它们各自的经济协调储备金提供资金,该资金不得超过联邦和各州在前一财政年度的税收收入的3%。

表1　　　　　　　德国联邦预算编制流程（以2017年为例）

时间	具体内容
2015年12月	联邦财政部将预算编制通知发放给各预算部门。
2016年3月	各预算部门向财政部提交基础数据和预算框架。
2016年4月	财政部与各部门就预算草案进行商讨。各部门将建议反馈给财政部,并与之进行工作层面协商,先是在司局级领导层面,然后是部长级层面的协商。并召开中期财政计划评议会。
2016年5—6月	联邦政府审议批准预算方案。在与所有行政部门以及总统府、议会联邦机构等协商后,财政部将年度预算方案提交政府审议。
2016年8月	政府将通过的预算草案提交联邦议院和联邦参议院审议,启动议会程序。
2016年9月	预算草案在联邦议院进行一读。议会就预算草案进行讨论并提出基本看法。
2016年11月	联邦议院进行二读和三读。二读是由议院预算委员会将他们对预算草案的决议提交议会,逐个作出决议;三读是由议会对所有的关于预算草案的决议进行表决通过。
2016年12月	总统签发,预算案生效。两院通过后,由联邦总统签署联邦预算法案,并于来年1月1日生效。

资料来源:作者根据相关资料整理。

二、预算报告的范围界定

（一）预算报告的形式和类别

德国是联邦制国家,实行联邦、联邦州、县市三级管理,实行分级管理的财政体制,各级政府均有自己独立的预算,分别对各自的议会负责。

德国的财政部长在预算递交议会后一般会在议会公开发言三次,首先,像其他国家一样,德国财政部长在向联邦议会提交预算草案的同时要以报告的形式对预算草案进行解释说明。这次演讲一般在每年的9月份。报告首先对过去一年来的国内外形势进行回顾和分析①，包括经济形势、地缘政治形势、公共风险等方面。接着是对欧盟和欧元区的发展和挑战进行分析，并对欧元区的改革提出建议。之后，报告对议员们提出的与预算相关的问题进行了解答，例如债务问题、社保问题、难民问题等。此外，针对一些改革的核心领域，例如教育、科研、减税、财政平衡等方面一一做出解释。在最后的总结部分，财政部长列出了未来一年的财政优先领域和致力于解决的问题。

之后，在议会就预算进行辩论的时候，财政部长也会就争议较大的内容进行陈述。最后，在每年的 11 月份，当预算案最终在议会表决通过时，财政部长还会再进行一次讲话，对最终的预算案版本进行解释。

（二）预算收支的范围界定

按照《基本法》规定，联邦全部收入和支出均应编入联邦预算方案，预算方案必须保持收支平衡。联邦预算和各州、县市的预算各自独立，互不依赖，联邦预算包括收入预算和支出预算。

1. 预算收入

收入主要来源于税收收入、其他经常性收入和资本收入。税收是收入的主要来源，基本稳定在 75% 左右。其中最重要的税收是营业税、工资和收入所得税和借贷收入，以及能源税、烟草税等。

税收是预算收入的主要部分。收入水平主要根据财政部、地方财政部门以及专家组成的专门委员会对当年、来年及和之后三年的税收收入评估情况做出。

财政部所属的税务总局和海关总局，负责国内税收政策及国际间税收协调与情况交换、监管，但不负责具体税务征管。具体负责税收管理的是各州及地方的税务机构。

2. 预算支出

联邦支出预算主要是联邦政府为完成《基本法》所规定的联邦事权范围内的支出：社会福利、国防、食品农业及消费者保护、经济促进、基础设施建设、教育科研、环境保护、国家安全和移民、对外经济合作、特别资产、联邦公务员及其机构支出等。最大的支出项目是劳动和社会福利的支出。

预算支出根据"部门原则"，包括 14 个政府部门和总统府、总理府、议会

---

① Rede des Bundesfinanzministers Dr. Wolfgang Schäuble anlässlich der Einbringung des Bundeshaushalts 2013 sowie des Finanzplans bis 2016 im Deutschen Bundestag. http：//www.bundesfinanzministerium.de/Content/DE/Reden/2012/2012－09－11－rede－einbringung－bunde shaushalt－2013.html#Start.

的联邦级管理机构的预算。每部门预算计划或"单项计划"都是相当详细的,包括该部门业务范围、支出目的及支出额度、公务员工资及福利支出(养老和医疗保险)以及办公用品购置等。

德国联邦财政部每年的7月份会在其官网发布联邦政府年度预算草案和五年期中期财政规划,12月份会发布经过议会审议通过的联邦政府年度预算报告。在德国,联邦政府年度预算需要议会审议通过,而中期财政规划只需要提交议会备案,不需要经过议会审议通过。本文以2015年12月份发布的联邦政府年度预算报告为例来对德国联邦预算计划进行说明[①]。

三、预算报告的框架和主要内容

这份政府预算报告主要包括两大部分,一是议会审议通过的年度预算法案,文末有联邦总统、联邦总理和联邦财政部长的签字。二是下一年度的年度预算计划。本文以2016年度德国联邦政府预算报告为例,说明其具体的框架和主要内容。

从形式上来看,联邦预算包括年度预算法案和附属的预算报告。预算报告又包括总预算报告和部门预算报告。其中总预算报告既是各个部门预算的加总,也要计算出下一年度联邦政府的借债情况。部门预算报告主要包括22个分报告,分别是联邦总统府、联邦议会、联邦参议院、14个联邦部门、联邦宪法法院、联邦审计法院、联邦债务和总收入。每个分报告都有若干个章节,划分的依据是项目名称和各部委的分支机构的名称,并根据具体内容安排在支出或者收入部分。从2013年开始,每一份部门预算的前面都有一个序,对该部门的活动和政策目标有一个简单的介绍。

2016年德国联邦政府预算报告一共有3080页。主要包括两个大的部分,分别是2016年联邦政府预算法案和2016年联邦政府预算计划。其中2016年联邦政府预算计划又分为三个部分,分别是:总的预算计划、2016年预算详情、单项预算。

---

① Bundesfinanzministerium, Haushaltsplan 2016. http://www.bundesfinanzministerium.de/Web/DE/Home/home.html.

(一) 2016年联邦政府预算法案

该法案于2015年12月21日由德国联邦议会审议通过并颁布。这一部分共有10页,分别对2016年度联邦政府的财政收入、财政支出、财政赤字、联邦债务、灵活性开支、增加的预算支出的资金来源、德意志联邦银行收益的使用、联邦政府的养老保险资金使用、公职人员的岗位设置等做了总体的说明和规定。

(二) 总的预算计划

总的预算计划共14页,反映了德国联邦政府2016年度的预算收支概况和联邦赤字、联邦政府债务的相关计划。它主要包括四大部分,分别是:预算总览、根据"债务刹车"规定所允许的最大赤字额度、政府融资概况和政府债务概况。这一部分采用的分类体系为部门分类。其政府部门分为:联邦总统及总统府、国会、参议院、总理及总理府、外交部、内政部、司法部等。部门下又按预算隶属关系进行细分,如司法部下有慕尼黑专利局、慕尼黑联邦专利局等。

1. 预算总览

(1) 财政收入计划列出了联邦内阁各个部门在2015年和2016年的财政收入总额、2016年较2015年的变化率、税收收入总额、行政性收入总额、其他收入总额。

(2) 财政支出计划列出了联邦内阁各个部门在2015年和2016年的财政支出总额、2016年较2015年的变化率、人员支出、投资支出、设备购置费用、补贴性和转移性支出、其他支出。

(3) "授权项目开支及年度分配方案"这一项是从1969年开始加入德国联邦预算报告中。这一项列出来的是一些具有支出优先性的财政支出项目,主要是用在基础设施建设领域。在财政困难时,政府必须优先保证这些项目的资金提供。除了列出每个项目的支出总金额,预算计划中还详细说明了多年期项目每年的资金分配额度。

(4) 灵活性支出部分主要列出了联邦内阁各个部门在2015年和2016年的灵活性支出总额、支出的类别以及2016年较2015年的变化率。

2. 根据"债务刹车"规定所允许的最大赤字额度

"债务刹车"是2009年被写到德国宪法中第115条的关于政府赤字和债务的最新规定。根据该规定,自2016年起,不考虑经济周期引起的赤字,德国结构性赤字不能超过其名义GDP的0.35%;并且,各联邦州自2020年开始,不能新增任何债务。

3. 联邦政府融资情况

该部分主要列出了2016年和2015年联邦政府计划的融资性收入（不包括债务融资）、融资性支出以及两者之间的差额情况，以及融资差额的资金弥补来源。

4. 联邦政府债务概况

该部分按照债务的类别列出了联邦政府2016年和2015年的债务融资收入、清偿债务的支出、两者的差额，例如10年期债务、4年期债务、1年期债务等。

表2　　　　　　　　　　　总预算的组成部分

总预算	
第一部分	预算总览
A	财政收入
B	财政支出
C	授权项目开支及年度分配方案
D	灵活性支出
第二部分	根据"债务刹车"规定所允许的最大赤字额度
第三部分	联邦政府融资概况
第四部分	联邦政府债务概况

资料来源：根据德国预算草案整理。

（三）预算详情

预算详情部分共83页，主要是从经济分类、功能分类等角度对预算计划进行细化说明，并对依靠联邦财政拨款的机构职位设置情况进行了公示。此外，还包括税收优惠支出、财政援助项目支出、PPP项目和从欧盟获得的收入情况。

目前德国联邦政府收支分类共分9000多个收支科目，其中1500个收入科目，7500个政府支出科目。预算科目共有四级：类、款、项、目。报送议会的支出预算细化到项。

功能分类大体划分为：教育科研文化、社会保障及战争补偿、健康体育与休养、住房与土地规划、营养及农林、电力水电及工商服务、交通和通讯、国有企业、土地、资本及特殊财产支出等；支出经济分类大体为：人事支出、实物费用、补贴支出、建筑项目、其他投资及投资促进措施、特种支出项目等。

除了经济分类和功能分类,德国预算开支还有一种按照收支类别分类,在这种分类下,财政收入分为税收收入、行政收入和债务收入、汇款和转移支付、融资性收入四大类,财政支出分为人员支出、实物和军事设施支出和债务支出、转移支付支出、建设性支出、其他投资性支出、特殊融资性支出,共六大类。在每一个大类下又有很多小类。

在公职人员岗位设置部分,主要列出了内阁各部门下设置的人员岗位数,具体类别分为:公务员,法官,教授、讲师和研究员,雇员,军官,需要接受护理的人员。

表3　　　　　　　　　预算详情的组成部分

预算详情	
第一部分	分类总览
A	根据收支类别分类的收支概况
B	根据经济分类的收支概况
第二部分	功能分类
第三部分	预算详情
A	根据功能和收入类别分类的财政收入详情
B	根据功能和支出类别分类的财政支出详情
第四部分	人员概况
A	公务员职位设置情况
B	法院和检察院的职位设置情况
C	教授、讲师、研究员、副研究员的职位设置情况
D	普通员工岗位设置情况
E	军人岗位设置情况
F	截至2014年年底需要照顾的人员情况
第五部分	联邦特殊支出
第六部分	联邦最大的20项税收优惠
第七部分	其他规模较大的联邦税收优惠
第八部分	联邦最大的20项财政援助
第九部分	PPP项目和私人融资的公共基础设施建设项目
第十部分	联邦从欧盟得到的收入类别

(四) 单项预算

2016年德国单项预算共2972页，一共包括22个单项预算，分别是：（1）联邦总统和总统府、（2）联邦议会、（3）联邦参议院、（4）联邦总理和总理府、（5）外交部、（6）内政部、（7）司法和消费者保护部、（8）财政部、（9）经济和能源部、（10）食品和农业部、（11）劳动和社会保障部、（12）交通和信息部、（13）国防部、（14）卫生部、（15）环保部、（16）家庭老人妇女儿童部、（17）联邦法院、（18）联邦审计署、（19）联邦数据保护和信息自由保护委员会、（20）经济合作和发展部、（21）教育研究部、（22）联邦债务。每部门预算计划或"单项计划"都是相当详细的，包括该部门业务范围、支出目的及支出额度、公务员岗位配备情况、公务员工资及福利支出（养老和医疗保险）以及办公用品购置等。

以联邦劳动和社保部的部门预算为例，该报告一共有107页，主要包括三个部分，一是总的部门预算概况，主要是按照经济分类的方法列出该部门总的财政收支概况；二是各个项目的预算，包括养老保险、社会保障、事故保险、残疾人保障等项目；三是该联邦部门和各附属部门的行政管理性收支，包括联邦部委、联邦劳动保护局、联邦劳动法院、联邦社保法院、联邦保险局等。

四、预算报告的编制与执行流程

（一）财政预算的编制与审批

作为一个联邦制国家，联邦政府与各联邦州政府之间是平等的，不存在上下级的从属关系，各州在《基本法》规定的前提下有较充分的行政自主权，有权按本州的实际情况编制财政预算。联邦政府的财政预算由联邦财政部长负责，具体联邦财政部的预算司来安排和协调预算相关工作，其主要职责是与各个部门协商年度支出预算和中期预算计划。收入的预算则是由税务和财政政策司与相关部门之间进行预测与协调，从而形成联邦财政收入预算计划和上年度收入决算报告。预算计划草案形成后由财政部长呈报联邦政府总理，并交由政府内阁进行审批，审批通过的预算计划草案由总理提交国会两院（议院与参议院）进行多轮讨论、辩论，其中出现的不同意见，将在国会、内阁、总理和财政部长之间协商解决。经过审议的预算草案，其最终决定权属于立法机关——国会，最终审批权属于联邦议院。但同时，《联邦德国基本法》第113条规定，联邦议院若要通过立法提高政府预算案中的支出或未来将带来新的支出，则需得到联邦政府的同意。凡是带有削减财政收入的法律或未来将带来财政收入削减的法律，也需得到联邦政府的同意。联邦政府有权要求联邦议院暂时中止此类法律之决议。若联邦议院已经通过法律，则联邦政府可以在四周内要求联邦议院重新进行决议。该条文的目的在于防范立法者单方透过法律提高支出，促使立法、行政部门进行角力、协商。

审批通过的财政预算草案由国会签署年度预算法案，一旦形成预算法案，其就具备了法律效力，在执行中原则上是刚性的，无论收入与支出，均应按预算法案实施。政府如要增加新的项目或增减收支预算，必须经过国会的审核批准，而国会提出增加支出或新增项目，相关法律也做出了须由联邦政府同意的规定条款。

(二) 预算法案的执行

政府预算报告是预算法案的重要文件，它对各大类预算收支特别是预算支出的增减均作了简明扼要的说明，对政策的变化进行了必要的阐述。在预算年度初期，联邦财政部会及时地给各职能部门发出关于预算执行中技术和管理细则的通告，其中包括现金管理和财务管理的规定，形成一系列预算执行的内部控制制度。在必要情况下，也可制订有时限的、有针对性的控制措施，以达到强制约束预算支出的目的。例如，近三年来联邦政府为响应欧盟关于各成员国务必采取稳定机制、实行"债务刹车"的决议，采取强有力措施，尽可能地减少赤字、降低债务累积率，因此在年度预算执行过程中严格控制超额支出。对必需的紧急的追加支出，联邦财政部首先在预算框架内进行调整，以消减其他支出来弥补追加的支出，在确实无可调整的情况下，再由国会批准追加。从2013年编制"联邦财政中期预算"草案开始，联邦政府就提出了要在2015年达到"年度预算赤字为零"的财政计划，即"债务刹车"规则。经过不懈的努力，2014年联邦财政提前完成了财政平衡收支计划，当年财政赤字显示为"0"，达到了40多年来的首次平衡。由此可见德国联邦财政的预算管理水平是比较高的。

(三) 政府预算的审计

年度预算的审计包括内部审计和联邦审计署的外部审计。内部审计由财政部内设机构来完成,主要针对预算的执行进度、状况、违规事项、预算合理增减的实行等方面来进行。外部审计由联邦审计署负责实施。德国《联邦预算法典》第 88 条规定,包括其特殊财产和企业在内的联邦政府所有预算执行和经济执行,都应该由联邦审计署进行审计,联邦审计署可以根据审计结果向联邦议院、联邦参议院、联邦政府和联邦各部门进行咨询。联邦审计署向联邦议院或者联邦参议院进行咨询的,应同时通知联邦政府。

联邦审计署是完全独立的审计机构,根据联邦预算执行审计条例,联邦审计署对审计的部门、目标、时间、方式及范围有充分的自主决定权,并且可以依据各机关财务管理的状况来决定免于审计的单位。除了对联邦预算的执行情况进行审核外,联邦审计法院还以提供咨询建议的方式参与财政预算编制的全过程。联邦财政部每年年度终了,会向议会提出年度财务报告,联邦审计署在依法对其审计后,于次年的 8 月底向议会、联邦政府提交审计报告,综合反映重要的审计结果和审计意见。除此之外,对于年度内例行审计中所发现的重大事项,联邦审计署也可随时向议会和政府提交专项的审计报告。

五、对我国的启示与借鉴

综上所述,德国联邦政府的预算管理具有法治化、制度化、刚性化、公开化以及内外部监管日常化的特点。这也是我国应该借鉴之处。

(一)完善立法,规范对政府预算报告的法律约束

德国联邦层面的预算编制有着成熟的法律基础和完善的预算管理框架作支撑。德国《基本法》和其他一些法律为预算的编制规定了总的原则和依据。例如,2009 年写进德国《基本法》的"债务刹车"规则对预算的编制和财政政策的制定形成了硬性约束。该规则要求联邦和各州的公共财政都要达到平衡状态,不允许有财政赤字。中国 2014 年 8 月 31 日颁发的新《预算法》是中国预算管理制度改革道路上的一次重要进步,对预算草案编制、审查和预算公开进行了规定。但各级政府在具体执行上,与法律的规定仍有一定的差距。这也造成了立法部门和公众的意愿没有得到充分体现。

（二）在预算编制中增加第三方技术机构和专家的参与

德国的政府预算数据和经济数据的预测都来自于独立的第三方技术专家，他们在各个领域和预算编制的各个阶段各有分工，他们做出来的预测是政府制定相关财政政策重要依据，具有很高的权威性和参考意义。中国政府在预算编制中也可以邀请学术界或者专业人士加入，一方面可以保证预测数据的准确性和科学性，另一方面可以减小主观意志带来的影响，从而提高政府预算报告的可信度和说服力。

（三）加强与立法机构和公众的沟通交流

德国联邦议会和预算委员会在政府预算编制中发挥着十分重要的作用。《基本法》中允许德国议会密切参与年度预算的编制，而德国预算委员会可以直接与各行政部门就预算编制进行磋商。通常情况下，预算委员会提出的修订意见不会遭到议会的反对。中国的预算编制部门一般只是在预算报告编撰完成后才会提交立法部门征求意见，缺少报告编写过程中的沟通和参与。而立法部门即使有意见也没有专门的渠道得以反映。除此之外，社会公众在政府预算报告编写过程中的参与度也相对较低。事实上，财政资金本就"取之于民，用之于民"，只有了解公众的需求和意愿，才能保证财政资金真正得到高效利用。

（四）在预算编制中强调"物有所值"的原则

德国的资本预算非常重视资金的分配和使用目的，但由于历史原因，德国尚没有采取绩效预算，所以政府会更加强调"物有所值"的原则。尤其是针对PPP项目，会多次对其成本收益进行衡量和计算，同时还要通过议会的审核，以减少政治因素对资本项目的影响。中国政府预算报告中还没有针对具体项目设置细化的绩效指标，根据中共十九大"全面实施绩效管理"的总体要求，要一步应该在预算编制中设置绩效目标，并细化、量化为具体的绩效指标，同时加大项目评审力度，提高财政资金的使用效率。

主要参考文献：

[1] 马蔡琛. 如何解读政府预算报告［M］. 中国财政经济出版社，2002.

[2] 王朝才，张晓云，马洪范等. 部分国家中期预算制度［M］. 中国财政经济出版社，2016.

[3] 中国财政科学研究院. 世界主要国家财政运行报告（2016）[M]. 经济科学出版社, 2016.

[4] Burns, Robert C. & Lee, Robert D., Jr (2004 – 09 – 22). The Ups and Downs of State Budget Process Reform: Experience of Three Decades. (Author Abstract). In *Public Budgeting & Finance*. 24 (3), 1 – 19.

[5] Bundesfinanzministerium, Haushaltsplan 2016. http://www.bundesfinanzministerium.de/Web/DE/Home/home.html.

[6] OECD, OECD Journal on Budgeting, 2014.

（执笔人：于雯杰）

分报告3：美国联邦政府预算报告分析与借鉴

美国联邦政府年度预算报告是美国总统提交给国会审议的联邦政府年度预算文件，由于文件由总统编制和提交因此也被称为总统预算，由于其还需国会审议因此也被称为预算草案。美国政府分为三级，包括联邦、州和（州以下）地方政府，每级政府都会各自编制本级政府的年度预算，各级政府除编制年度预算外，还编制中长期预算，而本文仅关注联邦政府的年度预算。美国联邦政府年度预算报告经国会审议通过后，不是以修订、批准和实施预算报告的形式颁布，而是以立法的形式颁布，包括制定和颁布收入法案（revenue legislation）、授权法案（authorizing legislation）和拨款法案（appropriation acts），这些法案是真正实施的预算，或者说预算以这三种法案的形式存在和实施。

一、联邦预算报告的发展历史

（一）美国联邦政府年度预算的发展历程

美国联邦政府年度预算以两份重要的法律文件为分界点，一份是《1921年预算和会计法案》，另一份是《1974年国会预算法案》，可以分为三个阶段：

1. 1921年之前的美国联邦政府年度预算

1921年之前，美国联邦政府预算的编制权属于国会各相关委员会，各行政机构将预算需求提交给财政部汇总，财政部与预算相关的职责是收集各行政机构的预算需求，汇集起来提交给国会供其参考，没有审查、核实和修改的权限。在1917年时，国会有29个委员会，其中参议院15个，众议院14个，其中参议院中的 8 个委员会和众议院中的 10 个委员会有编制和决议预算的权限。当时的预算编制流程是：(1) 财政部将收集到的各行政部门提交的预算需求汇总并提交给国会；(2) 国会的各相关委员会开始编制与其相关的预算，如农业委员会编制农业预算；(3) 预算编制完成后由国会相关委员会负责审查；(4) 审查后的预算在国会大会上表决并通过。预算的执行由各行政机构负责。预算编制的法律依据是宪法，具体是宪法中规定"国会有权征税"以及"只有按照法律支出的拨款才可以从国库中支取"。①

2. 1921 年到 1974 年之间的美国联邦政府年度预算

《1921 年预算和会计法案》(the Budget and Accounting Act of 1921) 要求总统每年向国会提交一份预算，建立预算局 (the Bureau of the Budget) 协助总统完成预算编制工作。预算局负责预算具体编制工作，在 1970 年更名为预算管理办公室 (the Office of Management and Budget, OMB)。当时的预算编制流程如下：(1) 确立总统的财政政策；(2) 制定总额；(3) 各行政机构报初步概算；(4) 各行政机构报修正概算；(5) 预算局的概算审查委员会 (the Board of Estimates) 审查概算；(6) 形成预算报告。依据该法律，总统开始涉足预算领域，拥有了编制预算的权限，并建立预算局来协助其编制预算。从此，总统开始利用预算提出支出建议、规划项目、推动支出政策，从而决定和推动国会的相关议程。②

3. 1974 年以来的美国联邦政府年度预算

《1974 年国会预算法案》(the Congressional Budget Act of 1974) 中，国会要求建立自己的预算流程。根据该法案，国会实施了预算决议 (a budget resolution)，决议可以确定预算总量和按功能分类的预算数，这样国会获得了一个唯一的对赤字规模、支出总量和预算优先权通过投票进行决议的机会。至此，年度预算流程包括：(1) 颁布总统预算；(2) 国会通过 4 个过程做预算决定；(3) 行政机构执行预算。其中总统预算的流程如下：(1) 行政机构提出预算请求；(2) 预算管理办公室审核预算请求，并将其支出建议反馈给行政机构；(3) 行政机构如果想获得比预算管理办公室的支出建议更多的资金，可以向总统提出请求；(4) 处理完相关请求后，总统预算被打印和提交给国会。③

---

① 何廉，李锐著．财政学 [M]．商务印书馆，2011，P476.
② Allen Schick 著，苟燕楠译．联邦预算——政治、政策、过程 [M]．中国财政经济出版社，2011，P12 - P16. 何廉，李锐著．财政学 [M]．商务印书馆，2011，P478 - 479.
③ Allen Schick, the Federal Budget, the Brookings Institution, 1995, P37 - 43.

(二) 美国联邦政府年度预算报告的发展历程[①]

自《1921 年预算和会计法案》赋予总统编制预算的权力以来，联邦政府年度预算报告的形式及内容不断变化，每任总统的印记也烙印在每个财年的预算报告之中。20 世纪 90 年代初期，预算报告是 7 份独立的文件。1991 财年[②]，乔治·H. W. 布什政府时期，预算报告被整合成了一本（volume），报告强调了联邦政府未来面临的债务和财务风险。布什总统预算参与度低，是二战后唯一一位没有在其提交的预算中放入一些能够传达其主要政策信息的总统，他把制定和协调重大预算政策的任务交给了狡黠的预算管理局局长理查德·达尔曼（Richard Darman）。

1995 财年的克林顿政府时期，预算报告被拆分成 4 本，这种结构也被乔治·W. 布什总统沿用下来。这 4 本文件分别为：（1）美国（联邦）政府预算，内容主要是总统的预算计划和收支估计；（2）（预算的）附件，内容包括每个预算账户的项目信息和财务信息；（3）预算分析，内容包括一些特殊的表格和每个预算类别的信息，如信托基金、用户收费、税式支出及给州和地方政府的补贴；（4）历史图表。克林顿总统的预算中都有总统本人的印记。克林顿总统一直积极参与预算政策的制定，坚持要求提供给他一份关于收支优先顺序的名单，亲自解决关于政府规模和工作方向的问题。他掌握预算的细节，评估数以百计的支出项目并决定每个项目的支出。在任期间，他通过增加收入和削减支出压缩预算赤字。他还充分利用了否决权，将自己的预算偏好强加给不服从的国会。

乔治·W. 布什总统继续沿用了克林顿政府预算报告的结构。减税是他第一个总统任期内在预算方面取得的标志性成就，他在第二个任期内推动了社会保障改革。

到奥巴马总统的 2017 财年，政府预算报告除包括上述 4 份文件外，还包括了其他 7 份文件，成为共 11 份文件的文件汇编，详情请见下文框架部分。从预算报告总的发展趋势看，内容越来越多、越来越详细。

特朗普总统第一个任期的 2018 财年，政府预算报告由 12 份文件组成，与奥巴马总统 2017 财年预算报告相比，多了两份文件，一是《把美国放在首位：让

[①] Allen Schick 著，苟燕楠译. 联邦预算——政治、政策、过程 [M]. 中国财政经济出版社，2011，P70-75. Allen Schick, the Federal Budget, the Brookings Institution, 1995, P49-51.

[②] 美国财年是从前一年的 10 月 1 日开始到当年的 9 月 30 日止，1991 财年是从 1990 年 10 月 1 日到 1991 年 9 月 30 日。

美国再次强大的预算蓝图》(America First: A Budget Blueprint to Make America Great Again),二是《重大节约和改革》(Major Savings and Reforms),第一份文件是因为总统大选的原因,预算无法按照正常的流程编制,因此在2017年3月先编制了预算蓝图,提出了本财年支出的优先顺序及自主性支出(政府能够自主安排的支出)预算提议,不包括本财年法定支出(按照法律安排的支出)、税收收入以及之后9个财年的预算,第二份文件主要阐述本财年的重大事项。另外,与奥巴马总统2017财年预算报告相比,少了一份经济假设文件。

二、联邦预算报告的框架与主要内容

美国联邦政府年度预算报告是多份文件的集合,具体名称为"美国(联邦)政府预算(the Budget of the United States Government)",一般包括总统的预算咨文(the budget message of the President)、总统的预算提议及其他一些预算文件,另外由于年度的不同,预算还会包括其他一些相关的支撑文件。前文简述了预算报告的发展历程,这部分以2017财年美国联邦政府年度预算报告为例①,详述美国联邦政府年度预算报告的框架及主要内容。

(一)预算报告的框架

2017财年美国联邦政府年度预算报告包括11份文件,分别为:(1)美国(联邦)政府预算(Budget of the U.S. Government);(2)对预算的分析和透视(Analytical Perspectives);(3)(预算的)附件(Appendix);(4)历史表格(Historical Tables);(5)关于联邦政府信贷信息的补充文件(Federal Credit Supplement);(6)分类分析(Object Class Analysis)②;(7)预算授权的余额(Balances of Budget Authority);(8)公共预算数据库(Public Budget Database);(9)经济假设(1976财年~2017财年)(Economic Assumptions FY 1976 – FY 2017);(10)2017财年预算中的长期预算项目(Long Range Budget Projections for the FY 2017 Budget);(11)中期评估(Mid-Session Review)。上述的前10份文件由奥

---

① 2018财年完整预算是2017年5月23日发布,由于2018财年预算编制时间紧张而且又是特朗普总统任期的第一个预算,因此其代表性还有待观察,所以本文还是以2017财年预算为例进行介绍。

② 分类(object class)指按照服务的性质或者义务产生的条件进行分类,主要分为五类:报酬和福利、按协议提供服务和产品、资产的取得、拨款和固定支出、其他。

巴马总统在 2016 年 2 月 9 日发布，是为提交总统预算而编制的预算文件，第 11 份文件由奥巴马总统在 2016 年 7 月 15 日发布。这 11 份文件的篇幅涵盖 2719 页的文件及 80 张 excel 形式的表格，详请参见表 1。

表 1　　　　2017 财年美国联邦政府年度预算报告文件列表

	文件名称的中文翻译	文件名称	提交时间	页数
1	美国（联邦）政府预算	Budget of the U. S. Government	2016 年 2 月 9 日	182 页
2	对预算的分析和透视	Analytical Perspectives	同上	418 页
3	（预算的）附件	Appendix	同上	1416 页
4	历史表格	Historical Tables	同上	363 页
5	关于联邦政府信贷信息的补充文件	Federal Credit Supplement	同上	109 页
6	分类分析	Object Class Analysis	同上	107 页
7	预算授权的余额	Balances of Budget Authority	同上	22 页
8	公共预算数据库	Public Budget Database	同上	3 张表和 28 页
9	经济假设（1976 财年~2017 财年）	Economic Assumptions FY 1976 – FY 2017	同上	每财年 1 张表
10	2017 财年预算中的长期预算项目	Long Range Budget Projections for the FY 2017 Budget	同上	13 张表
11	中期评估	Mid – Session Review	2016 年 7 月 15 日	74 页

资料来源：美国预算管理办公室网站，https://www.whitehouse.gov/omb/budget。

（二）主要预算文件的内容概述

下文将对 2017 财年美国联邦政府年度预算报告中最主要的 3 份文件，即《美国（联邦）政府预算》、《对预算的分析和透视》以及《（预算的）附件》的内容进行简要概述[①]：

1. 《2017 财年美国（联邦）政府预算》

《2017 财年美国（联邦）政府预算》（Budget of the U. S. Government, Fiscal

---

① 根据白宫预算管理办公室网站的相关文件总结，https://www.whitehouse.gov/omb/budget。

Year 2017）共 182 页，主要内容包括总统的预算咨文、总统的优先事项、预算概况和汇总表等，具体来说包括 8 大部分：（1）总统的预算信息；（2）建设我们的经济、建设我们的财政；（3）应对我们最大的挑战：用创新铸造更辉煌的未来；（4）应对我们最大的挑战：为所有人提供机会；（5）应对我们最大的挑战：国土安全和维护全球领导者地位；（6）建设面向未来的政府；（7）削减、整合和节省；（8）汇总表（参见表 2）。这 8 大部分的前 6 项内容阐述政府要做什么和为什么。第 7 项内容讲的是政府如何减少支出、节约资金，具体包括与 2016 财年相比，在 2017 财年，自主性支出进行了哪些削减、整合和节省，及分别和一共节约了多少资金，还阐明了从 2017 财年到 2021 财年，法定支出进行了怎样的削减、整合和节省，分别和一共节约了多少资金。第 8 项内容包括 13 张汇总表，分别是：（1）预算总表，内容是政府收入、支出、赤字总量及其占 GDP 的比重；（2）预算建议对赤字的影响；（3）2011 年以来累计赤字的变化；（4）调整后的基准（adjusted baseline），表中给出了支出、收入和赤字的调整后的基准；（5）预算建议，给出了对支出、收入和赤字总量的预算建议；（6）预算建议的支出、收入、赤字占 GDP 的比重；（7）根据人口和通胀进行调整后的预算建议；（8）平衡预算和紧急赤字控制法（BBEDCA）的基准到调整后的基准的过度；（9）对法定支出和收入的建议；（10）拨款（自主性）支出；（11）按部门分类的拨款（自主性）支出；（12）经济预测；（13）联邦政府的融资和债务情况。全部 13 张表的数据都持续到 2026 财年，也就是说数据涵盖年限是 2017 财年及其之后的 9 个财年。

表 2　　《2017 财年美国（联邦）政府预算》的结构

	标题	页数
1	总统的预算信息	6 页
2	建设我们的经济、建设我们的财政	8 页
3	应对我们最大的挑战：用创新铸造更辉煌的未来	16 页
4	应对我们最大的挑战：为所有人提供机会	40 页
5	应对我们最大的挑战：国土安全和维护全球领导者地位	16 页
6	建设面向未来的政府	22 页
7	削减、整合和节省	4 页
8	汇总表	54 页

资料来源：美国预算管理办公室网站，https：//www.whitehouse.gov/omb/budget。

2. 《对预算的分析和透视》

《对预算的分析和透视》共 418 页，内容包括对重大问题的分析及对预算数据的透视。数据包括经济和账户分析、联邦收入和征缴信息、对联邦支出的分析、联邦借款和债务信息、对基准或者经常性服务的估计、其他信息。另外还包括一些表格的支撑性资料，例如按部门、按功能、按项目分类的预算信息。具体来说，《对预算的分析和透视》包括 8 大部分，分别是：（1）图表列表；（2）简介；（3）经济预测及其与预算的关系；（4）预算执行和预算管理；（5）预算内容和预算程序；（6）联邦收入；（7）特殊问题；（8）对预算的技术分析。

3. 《（预算的）附件》

《（预算的）附件》共 1416 页，包括 5 个部分，分别是：（1）按部门分类的预算详情；（2）其他信息；（3）融资工具和美联储理事会；（4）政府资助的企业；（5）索引。其中第一部分按部门分类的预算详情共 1361 页，是附件的主体。按部门分类的预算详情将政府部门分为 29 个，在行政部门的基础上增加了立法和司法部门，另外国防部被分成了几个部门，独立机构也包括在内。平均来看每个部门的预算信息约 47 页，以国防部——军事计划为例，该部门的预算有 98 页。

（三）预算管理办公室主任预算咨文的内容概述

预算文件中有时会包括一份预算管理办公室主任的预算咨文，下文主要介绍 2017 年预算管理办公室主任 Mich Mulvaney 预算咨文的主要内容。2017 年 3 月 16 日，美国预算管理办公室发布《把美国放在首位——让美国再次强大的预算蓝图》（America First - A Budget Blueprint to Make America Great Again），该文件共 64 页，预算管理办公室主任的预算咨文就是其中的内容之一。该预算咨文只有不到一页纸的篇幅，翻译成中文也就 600 多字，中文翻译参见专栏 1，主要阐述了预算是把总统的承诺转换成数字，因此预算支出中最优先的事项就是国家安全，美国要重建和恢复国家安全，重塑军事部队以加强边境安全和维护国家主权，同时还要满足总统的另外一个主要承诺，不增加未来的税收负担。[1]

---

[1] the OMB of the White House, America First - A Budget Blueprint to Make America Great Again, 美国白宫网站.

> **专栏1　美国预算管理办公室主任的预算咨文（全文）**
>
> 我很荣幸地向各位介绍"把美国放在首位"预算。
>
> 本预算蓝本虽然不是完整的联邦（政府）预算，但是它可以向立法者和公众披露总统及其行政机构的优先事项。
>
> 联邦（政府）预算是一份复杂的文件。但是，为一位信守承诺的总统工作意味着，我的工作就是简单地把他的话转换成数字。
>
> 这就是您会发现，本预算蓝本的重点同样是为大家所熟悉的重建和恢复国家安全的原因。奥巴马政府执政期间，我们把军事支出缩减得过于厉害。军队只能使用老旧的早已超过其设计使用年限的舰船、飞机和其他交通工具。而我们总统将改变这种状况。重建我们的军事力量有助于加强边境安全和保护国家主权，因此本预算蓝本将安全放在优先顺序的首位。
>
> 本预算蓝本也满足总统的另一个重要承诺：实现国家的优先事项，并不以增加未来人口的税收负担为代价。
>
> 本2018财年预算蓝本将不会增加政府的赤字。本预算蓝本就像任何美国家庭围坐在餐桌边在支付账单时制定家庭预算一样，也是精心设计和安排的，是经过艰难选择的结果。
>
> 总统加强财政责任的承诺是具有历史意义的。从里根总统的第一个任期开始，政府才陆续将节约税收资金及改变政府的低效和浪费作为目标。联邦预算的各个边边角角开始被详细核查，每个支出计划都被检查，纳税人交纳的每个美分都在监督之下。
>
> 我们国家总额高达20万亿美元的国债是一个危机，不只对国家来说如此，对每个公民来说也是如此。国债平均到每个人身上已经超过6万美元，而且还在增长。这是一个挑战。但是只要美国人民共同努力，这个问题还是可以得到解决的。美国家庭每天对家庭收支都要做出艰难的决定，现在华盛顿也到了必须这样做的时刻。
>
> Mich Mulvaney
>
> 资料来源：the OMB of the White House, America First – A Budget Blueprint to Make America Great Again，美国白宫网站，P3，李欣翻译。

三、联邦预算报告的特点

美国联邦政府年度预算编制的主体是总统和预算管理办公室，另外总统的顾问们和各行政机构也都发挥着各自的作用，具体职能可参考流程部分。此外，根据 1974 年议会预算法案（the Congressional Budget Act of 1974），国会也编制预算。

美国联邦政府年度预算报告的编制历史虽然不长，只有不到 100 年的时间，但是很有特点，如美国联邦政府年度预算是综合全面的预算、分类清晰便于审议、公开透明、中长期滚动预算等等，本文选取其特别有代表性的三大特点，即内容的丰富和详实、编制的法制性和流程的规范性进行详细阐述：

（一）内容丰富、详实

前文也指出过，2017 财年美国联邦政府年度预算报告共由 11 份文件构成，不仅包括总统的预算咨文和预算提议，还包括很多支撑性文件，内容涵盖对预算的分析、部门预算详情、历史数据、信贷信息、预算授权、对经济的假设、中长期项目情况、预算执行的中期评估等等，篇幅汇总起来包括 2719 页的文件及 80 张 excel 形式的表格，可以说内容十分丰富和详实。

（二）依法编制

在美国，预算的整个过程和预算报告的编制严格遵守宪法和法律。表 3 列出了美国预算历程中的重大事件，其中对预算报告的编制和内容产生重大影响的法律按时间先后主要有：

1. 《宪法》（Constitution）

美国《宪法》第 1 章第 9 条规定，未经法律许可，不得动用国库。同章第 7 条规定，法条通过成为法律前，必须提交给总统。如果总统批准该法条，则其成为法律；如果总统否决，则只有两院三分之二以上多数票赞成才能使该法条成为法律。美国宪法第 2 章第 3 条规定，总统应向国会提交预算，总统有权向国会建议支出其认为必要的开支。只有国会有权征税用于国防和公共福利。[1]

通过上述规定，《宪法》赋予总统编制和向国会提交总统预算的权力，同时总统还有对国会审议通过的预算行使否决权的权力；另一方面，国会有审议总统预算和对总统预算的无限修订权，国会还有征税权，但国会也面临总统行使否决权的威胁。

2. 《预算和会计法案》（Budget and Accounting Act）

《1921 年预算和会计法案》正式赋予总统编制和向国会提交年度预算的权

---

[1] 杨华柏. 美国的预算法律制度［J］. 中外法学，1994（5）.

力，成立预算局协助总统编制预算。1939年，罗斯福总统意识到预算局的重要性，将其从财政部转到总统行政办公室之下。1970年，尼克松总统拓宽了预算局的职能并更名为预算管理办公室。

在《预算和会计法案》颁布前，预算报告是一个各部门预算请求的汇编，财政部负责收集各行政机构的预算需求，并汇集起来提交给国会供其参考，没有审查、核实和修改的权限，预算权完全掌握在国会手中。法案颁布后，总统被赋予预算编制权，开始有了行政部门编制的预算报告，此后预算主导权被总统掌握。

3.《国会预算和扣押控制法案》（Congressional Budget and Impoundment Control Act）

《国会预算和扣押控制法案》要求建立国会预算流程，成立参众两院各自的预算委员会（House and Senate budget committees）和国会预算办公室（the Congressional Budget Office）。此外，还规定建立扣押立法审议流程。

《国会预算和扣押法案》是国会争取预算权的成果，根据该法案，国会新成立了三个负责预算相关事务的机构，开始独立编制预算，建立了预算蓝图、预测方法、支出评估程序、支出优先顺序和国会预算编制流程。虽然预算主导权仍然在总统手中，但是国会在与总统的博弈中有了自己的立场和观点，有了更多主动权，预算开始成为总统和国会博弈的战场。通过该法案，国会还取得了另一个胜利。即在预算执行过程中，总统有权扣押资金，该法案对总统扣押资金的程序进行了规定，要求总统在废除（rescind）或延迟（defer）拨款时，必须给国会递交特殊咨文（special message），对于总统废除拨款决定，只有在参议院和众议院45天内的会议期间通过才可以生效，对于总统延迟拨款决定，只要没有被国会的法案推翻立即生效①。

4.《预算执行法案》（Budget Enforcement Act）

《预算执行法案》规定，赤字目标不再固定而是根据情况可以调整；为自主性支出设定的上限如果超出，将同比率削减每项支出；为收入和直接支出（direct spending，指没有支出限制的法定支出）建立量入为出（pay-as-you-go）规则，例如直接支出的增加通过增加收入来弥补；以及为直接和担保贷款设立新的预算规则。

《预算执行法案》为预算编制设立了一些新规则，影响预算编制的具体细

---

① 肖鹏．美国联邦预算管理法律体系演变与启示［J］．财贸研究，2009.6.

节,例如赤字的估算、自主性支出的总额以及编制预算时要贯彻量入为出的规则等等。

5. 《政府绩效法案》(Government Performance and Result Act)

《1993年政府绩效法案》规定,各行政机构要上交战略性计划和绩效报告,要提供所有的预算信息以备国会制定政策和支出决策时使用。

在《政府绩效法案》颁布前,国会和总统对预算的关注主要集中在预算权和控制赤字方面。该法案开启了预算管理的一个新篇章,支出与支出的绩效之间建立了联系,绩效报告成为提交给国会的报告中不可缺少的一部分。

表3　　　　　　　　　　联邦政府预算的里程碑(1789 – 2006年)

年份	事件	重大意义
1789年	宪法	赋予国会征税权,同时规定只有国会批准的拨款(appropriation by Congress)才能支取
1802 – 1967年	国会委员会构成的变化	1802年,"众议院赋税委员会"(House Ways and Means Committee)成立,是一个常设委员会; 1865年,"众议院拨款委员会"(House Appropriations Committee)成立。 1816年,"参议院财政委员会"(Senate Finance Committee)成立; 1867年,"参议院拨款委员会"(Senate Appropriations Committee)成立。
1837年	参众两院的规则	参众两院禁止未经授权的拨款
1870年,1905—1906年	反赤字法案(Antideficiency Act)	要求分配出部分资金预防超支
1921年	预算和会计法案	要求提交行政预算;建立预算局和审计总署(the General Accounting Office)
1939年	1号重组计划	把预算局移入总统旗下新成立的行政办公室,并扩大了预算局的职能
1967年	总统预算事务委员会(President's Commission on Budget Concepts)	实施综合预算(统一预算),把基金(收支等)纳入预算。

续表

年份	事件	重大意义
1974 年	国会预算和扣押控制法案	建立国会预算流程、成立参众两院各自的预算委员会（House and Senate budget committees）和国会预算办公室（the Congressional Budget Office）。建立扣押立法审议流程。
1980 年	协调流程	国会预算流程中首次使用"协调"（reconciliation）
1985 和 1987 年	格拉姆 – 拉德曼 – 霍林斯法案（Gramm – Rudman – Hollings Acts）	设立赤字削减目标和扣押程序（sequestration procedures）
1990 年	预算执行法案	赤字目标从固定目标调整为可调整目标，为自主性支出设定上限，为收入和直接支出（direct spending）建立量入为出（pay – as – you – go）规则，为直接和担保贷款设立新的预算规则。
1990 年	首席财务官法案（Chief Financial Officers Act）	在所有重要机构中安排一个首席财务官来审查财务管理和整合财务和预算事务
2002 到 2006 年	1990 年预算执行法案的规则到期，重返赤字	法案规则到期后，在经历了四年（1998 财年 – 2001 财年）财政盈余后，赤字重现，名义赤字创下新记录，2004 财年达到顶峰，为 4130 亿美元。参议院的关于量入为出和为自主性支出设立上限的规则运行超过了十年。2007 年，众议院采纳了量入为出规则，参议院对其原有的量入为出规则进行了修订，与众议院的保持一致。

资料来源：Allen Schick 著，荀燕楠译. 联邦预算——政治、政策、过程［M］. 中国财政经济出版社，2011，P12. Allen Schick, the Federal Budget, the Brookings Institution, 1995, P36.

（三）流程规范

美国联邦政府年度预算在长期的编制过程中形成了一套规范的编制流程，详细到某一时点和时间段完成某项编制工作，具体见表 4。

美国联邦政府年度预算的编制通常在每年的春季或更早开始，至少比总统向国会提交预算提前 9 个月，大约比该预算涵盖的财政年度的起始时间提前 18 个月，比该预算涵盖的财政年度的结束时间提前 30 个月。在预算编制时，各预算单位在实施当前财年的预算，等待下一财年的拨款法案（appropriation bills）和授权法案（authority legislation）。举例来说，2007 年春季，执行的是 2005 年春季开始编制的 2006 年 2 月总统提交给国会审议并以法律形式实施的涵盖时间从

2006 年 10 月 1 日到 2007 年 9 月 30 日的 2007 财年预算，这时 2007 财年预算在执行中，2008 财年的拨款和授权法案在制定中，2009 财年预算编制已经启动。

预算编制提前了 18 到 20 个月，而且时间跨度接近 1 年，这意味着预算是在经济状况、总统政策、国会的动向充满不确定的情况下编制的。尽管预算编制耗时近 1 年的时间，但是预算编制人员同时在为执行当前财年的预算在忙碌之中，因此各行政机构难以进行系统、长期的预算规划，基本上基于上一财年或者之前的预算来编制，一般会提交比期望得到的更多的预算要求。①

表 4　　　　　　　　　　　　总统预算编制时间表

时间	事项
春季	颁布预算指南和初步的预算政策，预算管理办公室主任向各行政机构负责人发送一封信，为机构进行预算申请提供政策指导。
春季和夏季	预算管理办公室和各行政机构就预算进行讨论。
7 月	预算管理办公室向各行政机构发布 A-11 号公告。该公告为机构提交预算数据与材料提供详尽指导。
9 月	各行政机构向预算管理办公室提交预算要求（requests）。
10—11 月	预算管理办公室对各行政机构提交的预算要求进行审查（review）。
11 月下旬	预算管理办公室就预算政策向总统及高级顾问进行简要汇报。预算管理办公室在对预算要求进行全面审查后，向总统提交一份完整的预算建议。预算管理办公室将预算要求的审查结果反馈给各行政机构。
11 月下旬到次年 1 月上旬	各行政机构也包括所有立法和司法机构录入电子数据、提交纸质材料和补充性数据。
12 月	行政部门可以向预算管理办公室或总统提出申诉（appeals）。
次年 1 月	预算管理办公室审查为国会审议特别准备的预算申辩材料。行政机构准备各自的预算辩护材料。
次年 1 月	编辑和打印预算报告
次年 2 月	总统向国会提交预算报告，时间不晚于 2 月的第 1 个星期一，预算将于该年的 10 月 1 日实施。

资料来源：Allen Schick 著，苟燕楠译. 联邦预算——政治、政策、过程［M］. 中国财政经济出版社，2011，P78。

---

① Allen Schick 著，苟燕楠译. 联邦预算——政治、政策、过程［M］. 中国财政经济出版社，2011，P78-79。

四、对我国的启示与借鉴

美国在政府预算编制上很有代表性和借鉴意义。在考虑我国政治体制和机构设置等方面与美国差异的基础上,提出如下建议:

(一)预算报告的内容服从目的

美国联邦政府年度预算报告是行政机构的负责人总统与立法机构国会之间就预算问题进行博弈的蓝本,总统以预算为依据或起点争取国会的支持。因此预算报告的目的是,如何在博弈中更大程度地在预算中贯彻总统的政策意图。这要求,预算报告必须既有全局又有细节,既要点清晰又具体详细。因此美国联邦政府年度预算报告由多份文件组成,每份文件分门别类地阐述预算政策、要点及必要的详细信息,内容十分丰富和详实。

我国预算草案是财政部代表国务院编制,不存在与全国人大之间的博弈,主要问题是让预算草案如何更易读、易懂和方便审议,因此内容方面美国的借鉴意义不大,英国倒是可以参考的样本。建议以内容服从目的原则为宗旨,我国预算草案从以下方面进行改进:

一是预算的编制需要国家领导人的更多介入,对于预算政策需要总理直至国家领导人们来定夺,财政部负责按照既定的预算政策具体编制预算,需要国办或中办这样的机构在预算草案提交给全国人大前先行审议,对不符合既定预算政策的地方提出修改意见;

二是为了加强预算草案的易读、易懂性和方便审议,预算草案可以包括以下四个方面的信息:(1)预算的大方向,例如支持现代化建设、支持脱贫攻坚等等4、5个左右重要的预算战略目标;(2)预算总量,包括本预算年度预算收入、支出、赤字、债务、融资等方面的预算安排;(3)预算结构数据及其他重要预算信息,可以包括按部门和功能分类的支出信息、债务构成和融资渠道等、财政可持续性评估、中长期支出项目披露;(4)列出历史数据,有利于比较和审议,可以直观看出收支重点的变化及方便审议其是否符合预算战略目标。

(二)积极争取人大对预算的理解和支持

美国总统将预算提交给国会后,在国会对预算进行审议的阶段,总统和预算管理办公室必须与国会一直保持良好的沟通。预算管理办公室会一直追逐总统预算在国会的审议全过程。预算管理办公室的官员和总统的经济顾问们出现在国会各委员会,讨论整体政策与经济议题,对于具体项目的讨论通常由相关行政机构负责。在拨款听证会和其他国会活动中,行政机构的官员们承担着为总统预算辩护的主要责任。总统必须力争引领国会的预算决议(resolution)、协调法案(reconciliation bills)、授权法案(authority legislation)、年度拨款、税收法案(tax legislation)、赤字和支出控制等等。总统的团队必须成为优秀的国会计票员,愿意张开双臂拉拢议员,形成一个足以取胜的联盟。有时,总统会与国会议员们交流;有时,向议会领袖寻求支持。对于每一份预算,总统都承担着国会可能掌控预算方向的风险。为使预算尽可能地接近总统预算,总统必须诱导相当数量的中间议员以夺取胜利、避免失败。总统的首要任务是巩固本党内的支持力量,如果总统不能得到大多数议员的支持,就必须把争取的目标扩展到另一党派摇摆不定的议员。除了游说议员外,总统还可以通过巧妙利用大众媒体汇聚支持,里根总统和克林顿总统都采取过这种策略。对于国会的拨款法案或者其他预算相关法案,总统可以利用否决权。现实是,总统在否决法案时有很大的优势,只要国会中本党议员在否决投票中支持总统,总统就能取得胜利。其实总统很少真的使用否决权,在很多预算冲突中,威胁使用否决权就已经足够。①

我国预算审议过程中,政府和人大在预算审议方面的关系与美国有很大不同,但是可以借鉴美国的沟通机制,更大范围地争取全国人大代表对预算的理解和支持,为此政府可以:(1)总理和财政部长分别提交预算咨文及到全国人大进行预算宣传和讲解;(2)在全国人大对预算进行审议的过程中,安排专门的程序,就预算问题收集汇总人大代表的疑问并由专业人员进行分门别类地解答或者做证;(3)在非正式的预算审议会议中,由专业人员对预算草案及相关支撑文件进行解释,对问题给予解答或者反馈。

(三)提升人大对预算报告的审议能力

美国国会对总统预算享有无限的修正权。国会有一套审核、监督联邦预算的庞大机构,主要包括:预算委员会、拨款委员会、总审计署、国会预算局等。预算委员会是一个国会常设委员会,对国会编制预算负全面责任,决定预算的原则

---

① Allen Schick 著,苟燕楠译. 联邦预算——政治、政策、过程[M]. 中国财政经济出版社,2011,P92-99.

性问题。在收到总统预算后,其主要任务是对预算中的收入、支出以及各种支出之间的比较进行综合考察,向国会提出预算建议,具体制定预算的支出、收入、盈余、赤字、公债等的规模,然后提交给拨款委员会。拨款委员会具体决定拨款的数额,并向参众两院提交建议和报告。总审计署隶属于国会,主要职能是审计(联邦)政府预算的执行结果,审查联邦各部门和公共机构的内部财务状况及其合法性、合理性、经济效果等。国会预算局是由专家而不是国会议员组成的国会预算管理机构,是一个与党派无关的专业机构,职能是帮助国会客观公正并有效率地编制预算,并审查行政机关提出的预算需求。

美国国会在收到总统预算报告(注:2017 财年美国政府预算的前 10 个报告都是在 2016 年 2 月 9 日提交的)后,国会预算委员会将对其进行分析,并于 3 月向国会提出建议,如"国会对 2016 财年总统预算的分析报告"(An Analysis of the President's 2016 Budget)。同时,国会预算局发布国会方面对于宏观经济的预测和看法,此报告与总统预算报告中的宏观经济预测完全不同,并就此与总统在预算制定方面进行讨价还价,如"美国预算修订版:2015—2025"(Updated budget projections:2015 - 2025)。到 4 月,包括经济政策和支出预算的辩论主题已经在预算草案中公开,美国总统与国会、国会参众两院之间围绕预算的博弈正式拉开帷幕。若不能在 10 月 1 日前达成妥协、通过预算草案,联邦政府可能停摆,具体过程可能包括国会预算决议(resolution)和协调(reconciliation)、收入立法、授权立法和拨款法案,决议和协调程序不是必需的但是立法程序是必需的。①

我国全国人大自己不编制预算,因此在预算审议方面的权限如 1974 年前的美国,没有能力主导预算编制,而且由于审议期限较短、不是预算专业人士、没有相应的助手,因此审议权难以充分施展,可以从以下方面考虑提升其对预算的审议能力:(1)全国人大的预算审议权在准备成熟后分配给全国人大各专业委员会,例如农业与农村委员会负责审议按功能分类的农业支出,其他预算事务交给全国人大常委会的预算工作委员会,必要时成立更多委员会或者组织更多人手协助全国人大代表审议预算;(2)预算提交时间前移半年左右,给全国人大各机构及各位代表更多时间审议预算,期间财政部负责跟踪预算在人大的审议议程,并按照程序进行解答和做证等等;(3)在预算审议期间配备专业助手,帮

---

① Allen Schick 著,苟燕楠译.联邦预算——政治、政策、过程[M].中国财政经济出版社,2011.

助全国人大代表更好地理解预算概况及预算详情。

参考文献：

［1］何廉，李锐著．财政学［M］．商务印书馆，2011．

［2］Allen Schick 著，苟燕楠译．联邦预算——政治、政策、过程［M］．中国财政经济出版社，2011．

［3］Allen Schick, the Federal Budget, the Brookings Institution, 1995.

［4］美国白宫预算管理办公室网站信息．

［5］The OMB, Budget of the U. S. Government, Fiscal Year 2017, Feb. 9, 2016.

［6］The OMB, Analytical Perspectives, Feb. 9, 2016.

［7］The OMB, Appendix, Feb. 9, 2016.

［8］The OMB, America First – A Budget Blueprint to Make America Great Again, March 16.

［9］杨华柏．美国的预算法律制度［J］．中外法学，1994（5）．

［10］肖鹏．美国联邦预算管理法律体系演变与启示［J］．财贸研究，2009．6．

（执笔人：李欣）

分报告4：加拿大联邦政府预算报告分析与借鉴

加拿大拥有体系全面的现代化预算体系，并在预算绩效导向方面表现出显著的优势。联邦预算和财务报告都是综合性的，包括所有主要的皇冠公司（国有企业）。财政统计覆盖了整个公共部门。2007年升级的支出管理体系（EMS）是按照政府工作重点，设置结果和方案目标的整合性框架，依据政府优先事项调整支出并监控绩效。通过发布长期财政可持续性报告，应对人口老龄化对联邦开支的冲击。2006年组建了议会预算官办公室（PBO），对国家财政、政府估算和经济趋势进行独立分析，进一步提升了财政预测水平，大大拓展了对政府提案和预测的独立评估能力。加拿大由于在2008年金融危机时，未经历与许多发达国家同等的财政冲击，在没有明确定义的财政规则或对财政风险的广泛评估的情况下，经受住了政策挑战。加拿大财政政策和预算中期框架中的远期支出估算不是绑定的而是每年重建的。超过一半的联邦预算被法定支出、对家庭和政府其他层级的主要转移支付占用，这些支出都不需要每年拨款，也不在年度预算程序中进行系统的复审。

加拿大采用威斯敏斯特式政府体系①，对于政府预算并没有明确而突出的法律依据（如预算法），而是由一系列的法律、法规和公约决定了预算的准备、编制、执行和报告流程。加拿大财政预算领域的基本法为1867年宪法、财政管理法案（FAA）、总审计长法案（AGA）和联邦—省级财政安排法案。其中，财政管理法案（FAA）在预算编制和财政管理中占据重要地位。

---

① 主要用于英联邦成员国，除宪法条文外，公约、惯例、先例在议事程序中起重要作用。

一、联邦政府预算报告概况

联邦预算覆盖整个中央政府。加拿大养老金计划（CPP）未汇总进联邦预算，因为联邦政府与一些省分享其控制权。预算由行政部门用一步法编制，同时确定预算总量和细节。虽然拨款使用现金收付制，高水平的预算信息是使用权责发生制概念呈现的，与政府财务报告相一致，使得将预算与政府财务报告相比较更容易。各联邦部委和机构可征收并花费的自有收入，占联邦支出的近4%。法定支出占联邦总支出的近60%，由单独的永久立法授权，不受年度拨款约束。法定支出不在预算程序中系统地复审，有也是偶然的。法定支出的估算因信息用途包括在预算文件中，以提供预计总开支的完整画面。

（一）政府财务报告

外部审计的年度财务报告在年终后的六个月之内发表，汇总了所有联邦政府控制的实体，包括皇冠公司（通过修正的权益会计法）。加拿大养老金计划（CPP）不汇总进政府财务报告，因为其控制权是与各省共享的，但是CPP的财务信息因信息用途而纳入政府年度财务报告。加拿大统计局是一个事实上独立的政府机构，发布政府财务统计，按照国际标准制备，覆盖整个公共部门，但是缺乏跨政府层级的适当汇总。所有政府退休基金都纳入公共部门统计。联邦政府还发布《财政监控》，每月提供联邦政府预算执行的详情。

（二）宏观经济与财政预测

宏观经济和财政预测在预算和秋季经济报告中发布，作为预算前协商的基础，覆盖预算年和之后四年。1994年以来，政府开始采用私营机构的平均宏观经济预测以作为财政计划的基础，加拿大财政部就加拿大经济前景定期调查私营部门经济学家的观点。2016年9月的问卷调查包括以下14个私营部门：蒙特利尔银行资本市场公司，魁北克储蓄投资集团，加拿大独立商业联会，加拿大帝国商业银行，加拿大咨议局，德信银行，环球通视有限公司，产业联盟保险和金融服务公司，加拿大劳伦特银行证券公司，加拿大国家银行理财市场公司，加拿大皇家银行，加拿大丰业银行，加拿大道明银行金融集团，多伦多大学（政策和经济分析项目）。政府在预算中编制和发布自己的财政预测，包括主要的财政总量如收入、支出和债务。经济增长、通货膨胀和利率的调整假设对收支的影响被呈现。年度债务管理战略也被纳入预算,以满足政府向议会提交年度借款需求的法律要求。预算将当前宏观经济和财政预测与最近两次半年度预测相比较。2012年10月,政府首次发布老龄化人口对经济和财政影响的报告,包括老年人相关福利和债务的长期财政预测(展望至2050年)。该报告仅覆盖了联邦政府,当局打算定期更新该报告。议会预算官办公室为联邦和其他层级政府编制未来75年的财政可持续性报告。

(三) 财政风险

预算包含对宏观经济风险的评估,以及收支预测对一些一般经济冲击的敏感性。只有联邦政府的净债务(累计赤字)状况会被报告。虽然净债务状况提供了重要信息,经济萎缩(下行)对资产价值的潜在影响未被评估。或有负债是依据GAAP标准确认的并尽可能提供,而贷款担保均由议会批准,但是与这些负债相关的风险未完全呈现。其他重要风险也未被评估或报告,如法律起诉、自然灾害,以及自然资源在地方财政收入中发挥的作用。

(四) 财政目标和原则

平衡预算的财政目标,由联邦政府作为政策宣布,但尚未体现在法律中。金融危机的初期,目标被设定为"中期"实现,而未设置精确的目标日期。之后,曾宣布过2015/16财年的目标日期,但中间年份没有具体实现目标。近期宣布了长期联邦债务占GDP比重目标(到2021年为GDP的25%),而且政府正致力于实施平衡预算立法,以帮助实现这一目标。政府在预算前和预算文件中都有针对总体目标的绩效报告。大多数省采用了实现平衡预算的财政规则和目标日期,但是各省都对规则有自由裁量权,而且大多在金融危机期间被搁置。

(五) 中期预算框架

提出的预算包含覆盖不同时段的几个文件。首先,包含要通过预算来实现的财政框架(包括收支和借款)和政策优先事项(社会、经济和环境)。这些覆盖预算年以及之后四年。预算会指出新政策对收支的影响。其次,《计划和优先事项报告》(RPP),覆盖预算年和之后两年,提供提议的联邦部委和机构开支的详细信息。预算和RPP对未来年份(远期)都没有约束力,都可以每年修订,未明确参考前一年的文件,下文会更详细描述(介绍)。最后,《政府支出计划和主体估算》仅覆盖预算和 RPP 的第一年，并形成议会拨款的基础。

（六）绩效预算

2007 年开始，支出管理体系的绩效导向显著提升。支出管理体系（EMS）是制定和实施政府支出计划的框架，包括建立绩效目标并衡量其完成情况。联邦组织，包括部委、机构和接受议会拨款的皇冠公司，被要求每四年一次，对其直接开支采取战略复审，以及对其主要法定项目的运营成本进行复审。战略复审的结果在年度预算中宣布。开支复审的后续框架还有未宣布。每个联邦部委和机构（除了皇冠公司）都要每年编制 RPP。RPP 制定战略目标，通过众多指标监控绩效目标的方案，以及每个组织的开支提议。每一财政年度结束后，同一联邦组织还要编制《部门绩效报告》（DPR）针对 RPP 中设置项目目标和财务计划来衡量绩效。虽然 RPP 中的项目规划了具体开支提议，拨款还取决于各机构以及支出类型（例如，运营支出、资本支出）。

（七）政府间财政关系

加拿大是分权联邦国家。省、地区和市政府的总支出（被称为国家以下（地方）政府）大约是联邦政府支出水平的两倍。联邦和地方政府之间税收、支出、债务以及监管政策的协调本质上是自愿的。但是，联邦政府可以通过现金转移支付间接影响地方政府财政政策。2013—2014 财年，现金转移支付占联邦政府计划的总项目支出的 24%。政府不发布一般政府（全国政府，全部层级政府）的财政预测。

二、联邦政府预算报告的历史沿革

加拿大预算报告的历史可以追溯到 1867 年，加拿大专门的预算网站，记录了 1968 年以来的所有预算报告。截至 2014 年 11 月，加拿大联邦财政部长共提交了 187 份预算报告，其中包括迷你预算、财务报告、临时预算、补充预算等类型的预算。1992 年以来，财政部长会在秋季或初冬，在全套餐预算之外，发布第二次预算报告，即迷你预算。也被称为"经济政策更新"或"经济和财政政策的更新"，2016 年，更名为《秋季经济报告》。但加拿大历史上大多数情况下，非常满足于一年仅有一份联邦预算报告。2011 年是预算观察家们辉煌的一年，一年之中在 3 月、6 月、11 月分别发布了联邦预算或迷你版预算，没有其他年份发布过更多。

（一）预算报告之间的时长：战争和金融危机影响

预算报告之间的平均时间是 287 个日历天。2008 年 11 月 27 日到 2009 年 1 月 27 日之间的 61 天时间是预算报告之间时间最短的一次。那是吉姆·费拉逊（Jim Flaherty）任加拿大财政部长时，在 2008 年金融危机之后，匆忙对计划进行了大的修改。预算报告之间最长的时间是 482 天，是从 1943 年 3 月 2 日到 1944 年 6 月 27 日，当时的财政部长是当杰姆斯·以斯利（James Ilsley）。二战爆发是拖延的原因之一，但这不是全部故事。财政部门羁绊于搞清楚在收入远远高于预期和一场可能会结束的战争的情况下，该如何选择？他们被现金淹死了，还要应付对不得人心税收的激烈反对。如果不算迷你预算，预算之间的平均时间仅为稍稍超过一个日历年（365.25 天）的 368.6 天。最长时间的记录没有变，但是跨预算最短时段从 2009 年转回 1914 年，波登政府 4 月制定了一份预算，8 月宣战后立即又制定了另一个。2009—2010 财年和 2014—2015 财年的预算都等待了超过一个日历年。

（二）预算的发布地点：议会或巡回演出

1867 年以来，预算一直在下议院递交，这是众议院听取政府拟议的收支计划并进行辩论的机会。这是使政府对其收支权力负责的关键部分，即通过税收、收费和投资等筹集收入，通过项目、转移支付和减税政策等等来进行支出。20 世纪 90 年代，进步保守派和自由派政府开始在预算报告上加倍，两份报告都在下议院的议事厅递交。1994 年，时任财政部长保罗·马丁做了一点改变，开始将其秋季更新递交给财政委员会（Finance committee），除了 2000 年 10 月在下议院议事厅之外。哈珀政府执政期间，全面预算仍保留在下议院，但是经济更新逐渐变成巡回演出活动。时任财政部长费拉逊将其第一份经济政策更新递交给了财政委员会（2006 年 11 月），他的第二份过渡性地移了到了国家新闻剧院（2007 年 10 月）。2008 年 11 月，他又回到下议院场地。所有其他的近期经济更新（10 份中的 6 份），通常在远离渥太华的议会之外，面对商务观众发表。2009 年在维多利亚商会；2010 年在密西沙加中国企业协会；2011 年在卡尔加里商会；2012 年在弗雷德里克顿商会；2013 年在埃德蒙顿商会；2014 年在多伦多加拿大俱乐部。特鲁多执政后，目前观察经济更新即《秋季经济报告》的发布场地又固定在渥太华，2015 年在国家新闻剧院，2016 年在下议院。

(三) 预算报告的形式：从平淡乏味到品牌

加拿大早期绝大多数在下议院提交的联邦预算很短很单调。直到战后时期，预算都十分简短，因而所有预算文件都记录在议会议事录中。战时和战争刚刚结束时，财政部长开始利用这一场合发表对加拿大经济状况的评估，财政官员开始煞费苦心制作能够反映情况变化的手绘图表。预算逐渐变得更加政治化，脱离了干巴巴的政府财务报表。财务报告变化了，预算金额绑定了政策目标，而不是诸如"回形针"或"工资"之类日常支出科目。预算报告的长度也在扩展，要求财政部长除了汇总表文件，还要提交一份措施和财力动议文件。20 世纪 60 年代，政府还开始促进预算作为政治交往活动，并更广泛地向媒体和利益相关者印发财政部长的演讲。20 世纪 70 年代，财政部开始制作带有摘要的文件，从财政部的演讲到预算措施的要点说明，突出政府的工作重点，所有主题都被整齐有序地组织进某一主题，如"创造就业机会的措施"或"节约能源"。1984 年联邦预算可能是第一份接近于现代预算套餐的预算。时任财政部长马克·拉隆德（Marc Lalonde）所谓的"恢复预算"回避了之前预算文件的普通平淡封面，表现出一些社会营销。除了全套预算文件和常规的"预算摘要"之外，财政部制作了一本小册子，封面特写是一对快乐的情侣领着小孩，都摇晃着严格的 20 世纪 80 年代早期发型，如今参观加拿大财政部图书馆的时候还能够看到这幅照片。

在让·克雷蒂安政府期间，保罗·马丁任财政部长。预算被赋予鲜明的主题，以协助组织和沟通当时的政府优先政策，有技能预算、老年人预算和医疗保健预算等。在哈珀政府期间，仓促编制的 2009 年 1 月预算第一次使用了"经济行动计划"一词。之后的每个预算报告，政府都使用了这个词，这说明预算报告已经品牌定位于经济行动计划，并且一直在坚持。这一时期的预算报告开始有类似于广告词的宣传口号，如"期待更强大、更美好、更安全的加拿大"，政府甚至还为预算报告开发了歌曲。

三、现行联邦政府预算报告的简要介绍

(一) 预算报告的框架与内容

加拿大财政年度为每年 4 月 1 日至次年 3 月 31 日，每年 3 月 22 日发布预

算报告。加拿大联邦政府预算报告的主要形式是"预算案"(Budget)和"估算案"(Estimates)。预算案是财政部提交给下议院的政府全部财政收支规划,包括新的财政举措,由财政部长在下议院发表演说,对外宣布;估算案是各部门和机构的详细支出计划,通常在预算案的后几天由国库委员会①主席提交到下议院。

2017年3月22日,加拿大财政部发布了最新的2017年联邦预算,主题为"建设强大的中产阶级"。加拿大2017年预算用了大量篇幅谈及国家治理目标,因此被加拿大议会预算办公室称为"年度经济政策报告",在谈及国家治理目标的同时,也列示了配套的财政经济政策。加拿大的经济预测是基于私营部门经济预测的平均数,联邦预算中的预测是按完全的权责发生制编制的。"预算案"全文分为五章和两个附录,共280页。

表1 加拿大2017年"预算案"结构表

序号	章节	主要内容
1	简介	加拿大建国150周年,加拿大在变革时代的定位,通过创新建设强大的中产阶级
2	经济和财政概览	私营部门对经济的预测,经济和财政前景的上下行风险,通过投资振兴经济以促进中产阶级增长
3	第一章 技能、创新和中产阶级就业	加拿大创新和技能规划,清洁技术、数字未来和农产品创新
4	第二章 社会建设	社区建设,智能城市,清洁增长经济,公共交通、运输、文化娱乐基础设施建设,落后地区建设,早教和儿童护理,家庭护理,住房
5	第三章 国际国内均强的加拿大	加强医疗保健,帮助土著人民、退伍军人,加强国际国内安保
6	第四章 中产阶级的税收公平	公平有效的税收制度,维持金融部门弹性
7	第五章 机会均等:2017年预算性别报告	加拿大男女平等现状,投资支持性别平等,包容性增长计划
8	附录	1.经济和财政预测详情 2.债务管理策略

来源:加拿大财政部网站。

---

① 加拿大国库委员会是一个内阁机构,由一名主席和包括财政部长在内的五位部长组成,主要负责财政支出管理,包括协助财政部编制部门预算,按预算进度下达财政资金拨付计划,监督部门预算的执行。

加拿大 2017—2018 财年的"估算案"全称为《2017—2018 财年估算，第一部分和第二部分，政府支出计划和主体估算》，是按现金收付制编制的。加拿大议会每年批准大约三分之一的联邦政府开支，这些支出通过拨款法案授权，并被称为"表决的"支出，通过其他立法授权的支出被称为"法定支出"。"估算案"既包括"表决的"支出，也包括法定支出。全文分为三部分，共 325 页。第一部分是政府支出计划，对估算和实际支出做了比较，并对转移支付做了简要说明；第二部分是主体估算，详细列述了 131 个联邦机构的部门预算；第三部分是附录，是列入拨款提案拟议附表的科目。

表 2　　　　　　　　估算案的结构与内容

序号	部分	主要内容	页数
1	政府支出计划	主要转移支付，详细说明了给其他政府层级的转移支付、给个人的转移支付。 联邦机构估算汇总表，包括 131 个联邦机构的预算拨款和 12 个机构的非预算拨款。 估算结构，估算支出中转移支付占 63.7%，运营和资本支出占 28.0%，公共债务费用占 8.3%。	15
2	主体估算	包括 131 个加拿大联邦机构的部门预算，每个机构都有表格和图辅助说明。	277
3	附录	列入拨款提案拟议附表的科目，分为拟议附表 1（2017—2018 财年）和拟议附表 2（2018—2019 财年）	31

来源：加拿大国库署秘书处网站。

（二）预算演讲的主要内容

美国东部时间 2017 年 3 月 22 日下午 5∶27，加拿大现任财政部长比尔·莫纽在议会发表了 2017 年联邦预算讲话。

1. 预算演讲的主题和预算理念

预算演讲紧紧围绕 2017 年预算的主题"建设强大的中产阶级"和预算的理念"真正和公平的成功机会"展开。他表示 2017 年是加拿大独立 150 周年时的伟大时刻，之前几代人的努力和信念、乐观和自信使加拿大成为一个国家。但在过去几十年里，中产阶级担心快速的技术变化、对新技能似乎永无止境的需求、时代越来越高的要求，而中产阶级的挣扎只是被简单地扫到地毯下。

部长在预算演讲中承诺帮助人们体面退休，要求最富有的 1% 多缴税以便为中产阶级减税，会对社区做出明智负责任的投资。接下来部长举例说明了近期加拿大财政政策的作用，如多伦多的出租车司机米安，有三个孩子，年龄分别是11岁、9岁和10个月，加拿大儿童福利使其家庭每月增收300加元，每年增收3600加元，而且免税，可用于购买杂货、学校用品和新衣服。再如大不列颠哥伦比亚省的水管工戴夫的故事，得益于联邦政府支持的培训项目，获得了红色印章的认证，有了报酬优厚的工作。还有来自魁北克遥远的阿岗昆社区纳比斯，是三个孩子的母亲，加拿大儿童福利有助于保证她的三个孩子参加本赛季曲棍球。

2. 建设强大中产阶级的四个方面

第一是基础设施。建设更强大的社区，通过创造就业机会、缩短通勤时间、确保清洁的空气和水，改善数百万加拿大人的生活质量。包括744个公共交通项目已获批准，卡尔加里和渥太华的轻轨，蒙特利尔和温哥华的地铁和轻轨系统修复工程，5万个社会住房单位的维修工程，原住民社区的清洁饮用水等等。

第二是创新和技能。自动驾驶汽车、人工智能、基因组学、量子计算、移动支付、共享经济等新技术带来巨大机遇和进步繁荣机会。要跟上令人眼花缭乱的快速变革步伐，推动突破性的创新因素。政府将支持终身学习和技能培训，以帮助人们及其家庭适应时代变化。将对加拿大引领世界的六个经济部门进行投资，即数字技术、清洁技术、农业产品、先进制造、生物科学与清洁资源。

第三是真正和公平的成功机会。政府的计划是明确、聪明、雄心勃勃地投资于人、社区以及带来机遇的高增长行业。机遇带来就业，就业带来更加自信和增长的中产阶级，而更加自信、增长的中产阶级是强劲和持续经济增长的唯一路径。政府将支持推动前进的人，确保最基本需求，以使人人都有真正和公平的成功机会。部长从医疗卫生、住房、提高妇女在经济中的地位、儿童保健、帮助土著人民、中产阶级的公平六个方面阐述了具体措施。

第四是搞好国际关系。加拿大一直在国际舞台上扮演着重要的角色。在国际援助方面致力于帮助世界上最贫穷和最脆弱的国家。加拿大作为贸易国家，国家的未来有赖于开放和投资，要永不错过任何让世人想起加拿大是伟大的居住、游玩和营商之地的机会。加拿大和美国拥有世界上最成功的经济关系，支撑了边境两边数百万的中产阶级工作机会，最近缔结的《全面经济贸易协定》使加拿大企业优先获得欧盟的10亿潜在客户。加拿大一直致力于发展战略伙伴关系以吸引人才和投资，这帮助加拿大企业在全球范围成功，并为国内为中产阶级创造良好的就业机会。

（三）预算报告的编制主体和周期

"预算案"由加拿大财政部编制，"估算案"由加拿大国库委员会编制。

1. 预算流程

加拿大预算编制的准备工作会提前一年展开，每年在财政年度前一个月（即 3 月）着手编制下一财年的预算，具体如表 3 如示。

表 3　　　　　　　　加拿大预算编制和审批时间表

上一年	
3—6 月	内阁与国库委员会准备与审查各部门的支出计划
8—9 月	内阁对优先事项进行审查
9—10 月	各部门准备和呈交部门估算
10—12 月	进入预算前磋商过程
12—1 月（当年）	内阁对估算进行审议
当年	
1—2 月	首相、财政部长和国库委员会主席对"预算案"做出最终决策
2—3 月	发表"预算案"演说，呈交"主要估算案"

来源：《国外政府预算管理概览》。

2. 主要预算报告的周期

2017 年预算案文件中的数据一般覆盖 6 个财年，包括预算前一财年、预算财年和预算后 4 个财年，其中后 5 年为预测值，有些数据覆盖的年数会有所增减。"估算案"前两部分的数据都覆盖 3 个财年，即预算前一财年、预算财年及预算后一财年，第三部分的数据只覆盖 1 个财年。最后的拨款案只有预算财年 1 年的拨款金额。可以看出，虽然加拿大年度预算与中期预算完全融合，各预算报告都会向前预测不同的期限，但最后批准的拨款只是预算财年 1 年的，其他数据都是参考性的，具有一定的约束力，但并没有法律效力。

（四）预算报告的形式和公开程度

1. 形式

加拿大预算报告的发布形式包括网站、视频、文件等形式。（1）加拿大有专门的预算网站，网址为：http://www.budget.gc.ca/。记录了 1968 年以来的所有预算报告。加拿大财政部网站记录了 1994 年以来的所有预算报告。（2）视频。最新的 2017 年预算，在预算网站的宣传视频。并分为技能和创新、基础设施、税收公平、强大的加拿大四个专题进行具体的简介，并可转发至推特和脸谱。（3）文件。2017 年预算包括三个文件，一是正式的预算文件；二是简要版预算，名为《三分钟读懂 2017 年预算》；三是《加拿大财政部预算前咨询总结报告》。"估算案"暂未发现相应的各种宣传文件。

2. 公开程度

《预算公开调查》（OPEN BUDGET SURVEY）2016 年 12 月的更新，对各国代表了透明度的基本组成部分的 8 个主要预算文件公开情况进行了定期评估。8 个文件分别为预算前报告、行政长官预算建议、通过的预算、公民预算、年内报告、年中复审、年终报告、审计报告，加拿大除了预算前报告和公民报告 2 项未编制之外，8 项中的其他 6 项都有编制并对公众公开，并且符合国际标准的时间表。

3. 与经济规划的关系

哈珀政府时期，预算演讲的名字就叫作《经济行动计划》，与之相应有《经济行动计划》法案，立法通过配套的财税政策。特鲁多执政以来，不再有这种叫法。加拿大没有类似于我国"十三五规划"的经济规划，中期目标反映在预算中，长期目标反映在长期预测中。加拿大也没有类似于国家发改委的计划部门，因此也没有政府发展报告。

（五）预算报告的审议

加拿大议会负责对政府提交的预算方案进行讨论并审议。议会对政府提出的支出议案，只有通过与否的权利，议会本身不能提出任何新的支出项目计划，也不能提高项目所需资金的支出水平。

加拿大议会是预算审批的主体，具体的审议工作交由下议院的各类委员会进行。议会内部设有许多常务委员会，如财经、贸易、经济事务、退伍军人委员会等，都要参与与相应部门的估算审批工作，并提供意见。还有供应委员会的主要任务是对预算进行讨论，实施委员会负责考虑如何动用国库资金。

预算案通常会在每个财年开始前一个月提交给议会，略早于估算案的提出。2—3 月，政府向议会呈交一系列有关预算的文件，包括预算案、主要估算案、有关的项目报告、计划和优先事项报告等。按照议事程序，在财政部长和国库委员会主席关于"预算案"和"估算案"的演说结束后，下议院开始了对预算的审议工作。其中，估算案被自动交给下议院的常务委员会，各个常委会按照职责审查估算案的对应部分。常委会有权召集各个部长、高级官员和有关各方面参与审查,在 5 月 31 日前向下议院报告审查结果。由于主要估算案的审批工作会在 6 月下旬、议会的夏季休会前才能结束,因此议会对于 4 月 1 日至 6 月末的临时资金供应进行授权,临时资金供应使政府能够维持正常的运作和必要的支出。议程中还保留了 20 天,用于下议院召开全体会议,对政府支出计划进行讨论。其中有 19 天留给反对党,辩论的范围不仅针对估算案,还包括对当局一般性政策的辩驳。6 月底,议会将对主要估算案进行投票。

在将注意力转移至详细审查主体估算和追加概算之前,议会通过信任投票批准预算以及其中的财政政策和支出总量。议会可以拒绝或削减估算中提议的开支,但是不能增加。这套程序的结果是,议会通过的财政政策和拨款与政府的提议区别不明显。各联邦机构的 RPP 和 DPR 仅作为信息呈交给议会。尽管预算通常在财政年度开始之前提交,通过《主体估算》的程序一般在财政年度开始后 3 个月才完成。为《主体估算》提供临时供给的具体拨款法案,在财政年度开始前通过,以确保联邦政府的延续。关于法定开支以及收入的决策,通过单独的预算执行法案(也叫作经济行动计划法案)提交给议会。

各部委负责管理分配给他们的资源。部委官员们被要求保持财务承诺的记录并确保付款不超出联邦拨付的资金。如果发现支付超过了拨款,超过的金额将是针对紧接其后财政年度的拨款的第一笔费用。新财政年度的付款,但是截至 3 月 31 日已执行(完成)工作或已接收货物拖欠金额的,可以按权责发生制累积记入上一年。国库委员会秘书处全年密切监控执行情况。法定支出可以超出预算中提出的预测。

四、预算报告的形成及其与立法机构和公众的沟通机制

(一) 议会磋商

预算前磋商是自 20 世纪 90 年代金融危机时期开始实行的,每年 9—10 月,当政府公布其预算政策和经济与财政最新预测后,会召开七次协商会议,这一过程将延续到 12 月初,以下议院财政委员会的预算前磋商报告来告终。具体过程为:10 月初,下议院财政常务委员会开始就财政政策举行听证会。10 月中旬,财政部向下议院财政委员会发表预算要点,并公布政府的"经济与财政的最新

预测"报告。11月底,委员会完成有关预算政策的听证。12月初,委员会呈交有关预算的听证报告。12月中旬,下议院针对预算政策进行辩论,但不进行投票表决。将近年底,财政部负责将议会磋商形成的预算建议反馈给政府,财政部长与总理根据内阁讨论结果和下议院财政委员会听证报告,根据各个政府动议的排序决定如何分配资金,咨询各个部长后对资金分配做出最终决定。

(二)财政部长与企业界和民众的沟通机制

2016年,加拿大财政部长围绕预算进行的交流活动达30多场,主要分为以下几类:

1. 提交预算前的闭门媒体介绍会

预算沟通活动的重头戏是由加拿大财政部主办的,提交年度预算和《秋季经济报告》前的两场禁播的媒体闭门介绍会。例如,2016年3月22日(周四)约下午4点,财政部长在国会下议院提交2016年预算。媒体闭门介绍会上午9∶30在渥太华的约翰 G. 迪芬贝克大楼开始,直到下午4点,在财政部指定官员宣布解除禁播时结束。参加会议的仅限通过议会记者席认可的记者,媒体机构被要求在闭门会开始前安装设备和线路。2016年预算的材料(包括U盘、复印件等)于上午9∶30开始提供,下午4点前禁止传播。一旦闭门会开始,在禁播解除前,任何人不许离开房间或联系其公司。进入闭门会时,记者、全体工作人员、媒体客人等,被要求签署保证尊重发布安排,并不得删除、发布或传播文件、材料或信息,或其他任何性质的记录,不得以任何方式给任何人进行传播(包括使用无线通信设备如无线麦克风、无线调制解调器和航空卡、无线键盘和打印机、手机和智能手机),直至禁播解除。财政部经记者席执行官同意,保留拒绝任何违反承诺条款的个人或组织参加未来财政部禁播发布会的权力。规定了不允许带入闭门会的设备,主要是带有通讯或无线电功能的设备,必须在阅读承诺材料的入口处上交,由财政部官员在禁播解除前代为保管。调至"飞行模式"的各类便携式电脑可以带入。上午10∶30开始,加拿大政府官员,包括部长级人员,将到达媒体闭门会提供深背景信息,报道时不得具名,严禁传播目的的录音、录像和音频。在预算提交于下午4点结束后,利益相关团体的代表将在国会山铁路会议室与媒体见面,希望采访利益相关者的媒体代表需要获得国会山认证。年度预算前的媒体闭门吹风会会提前20天通知。

另一场重要的活动是2016年11月1日,在财政部长向众议院提交《秋季经济报告》(FES)之前的加拿大财政部会举办闭门会,包括禁播的对媒体的背景吹风会。闭门会在国会山中心区举行，仅限通过议会记者席认证的记者进入，上午11：45开始入场，大约于下午3：20结束，由指定财政部官员宣布禁播解除。分发材料并开始浏览阅读的时间是中午12：15，财政部官员到场开始深层背景吹风会的时间是中午12：45。一旦禁播解除，闭门会内将提供Wifi；同时，有线互联网将连接记者席。其他规定与年度预算的闭门会相同，这场活动提前5天通知。

此外，2016年2月22日，财政部长在渥太华举行市民大会并发表讲话。这场活动之前也有财政部官员举行的媒体禁播技术吹风会，仅针对记者，不许带相机和吊杆麦克风。要求记者们签署尊重禁播的承诺并被护送至会议场地，将提供有关部长讲话的信息。

2. 国际预算推广活动

每年在年度预算发布后不久，财政部长会例行到欧洲推广加拿大预算。例如2016年3月31日，财政部长在法国巴黎会见法国商业和金融领袖，并参加G20高级别国际金融架构研讨会；4月1日在英国伦敦特拉法加广场加拿大屋举行的路透社新闻人物活动上主讲，这两场活动都是专程赴欧洲推广2016年预算的组成部分。

《秋季经济报告》提交之后，也有例行的国际推广安排。例如2016年11月15—16日，财政部长访问英国伦敦促进加拿大开放的全球投资和伙伴关系，并在英国伦敦对国际观众推广政府最近的《秋季经济报告》以及投资加拿大的好处。11月15日下午，财政部长在伦敦经济和政治科学学院进行公益讲座。11月16日上午，财政部长在瑞银欧洲会议2016上发表主旨发言，之后是问答环节。

3. 各省巡回预算前咨询会

预算前咨询活动一般在上一年的9月下旬启动。例如2017年预算的预算前咨询会，是由财政部长和财政部长议会秘书于2016年9月26日，在渥太华共同启动的，启动的形式是与全国各高校学生举办谷歌群聊。之后便是巡回的预算前咨询会，巡回目的地覆盖了加拿大大多数省份，更加集中于安大略省、魁北克省、大不列颠哥伦比亚省、阿尔伯塔省4个人口大省，4省总人口占加拿大人口的86%。咨询会的形式多种多样，与企业的交流主要是在当地商会举行早餐会或午餐会。与民众交流的方式最常见的是市民见面大会，很多是与著名高校的学生进行的，同时会进行脸谱直播。还有开放式的市民见面会，有时会在冰淇淋社交活动、小酒馆、小咖啡馆等亲民的场所进行。还有一种形式就是与各界当地代表举行的圆桌会议，参加者囊括了各种类型的利益相关人士，包括企业领导人、退休者协会代表、艺术文化代表、商界领袖、电信代表、土著群体等等。

4. 各省巡回预算后政策说明会

2016年预算提交后的第二天，财政部长就应邀在由渥太华商业杂志和渥太华商会主办的预算后早餐会上发言，之后不久还会在多伦多加拿大人俱乐部和加拿大帝国俱乐部发表演讲，进一步向企业界阐释预算。2016年8月，财政部长展开了密集的对民众的预算后咨询、讨论、说明活动。包括在安大略省萨德伯里与青年专家举行市民见面会并脸谱直播；在安大略省圣玛丽瀑布的阿尔戈马儿童保育中心会见当地家庭；在安大略省桑德贝奥格登社区公立学校的冰淇淋社交活动上会见当地家庭；在曼尼托巴省温尼伯会见斯特拉咖啡面包馆顾客；在萨斯喀彻温省萨斯卡通会见大萨斯卡通商会成员及萨斯喀彻温省财长；在阿尔伯塔省埃德蒙顿会见洞穴咖啡馆顾客以及当地官员等活动。这些活动大多有当地议员陪同，主要讨论经济增长以及创造就业和壮大中产阶级的政府承诺和预算主题。

5. 会见私营部门经济学家和经济咨询委员会

2016年，加拿大财政部长在多伦多两次会见加拿大主要私营部门经济学家，分别为2月13日和10月13日，收集他们对加拿大和世界经济的意见。2016年5月16日和10月20日，财政部长两次会见了政府新成立的经济增长咨询委员会，该委员会由14名加拿大和国际企业界、学术界领导人组成，被授权为部长提供一系列关于经济的长期、战略增长的意见和建议。

6. 全国财长会议

加拿大每年还举行两次全国财长会议，听取各省的意见和建议。一次是2016年6月20日举行的温哥华财长会议，另一次是2016年12月18—19日举行的渥太华财长会议，财政部长会见省和地区财长，并讨论联邦、省和地区工作重点，还邀请省和地区的卫生部长参加医疗保健基金的讨论。

（三）财政部长议会秘书与企业和民众的沟通活动

威斯敏斯特体系中规定议会秘书是议会的成员，协助更高级的部长履行其职责。在一些国家，这个职位被重新任命为助理部长。在几个英联邦国家的议会制度中，如英国、加拿大、澳大利亚和印度，首相一般会任命同一政党的议会成员任议会秘书，协助内阁部长工作。不同的首相会赋予议会秘书不同的角色。起初，这个职位被用作未来部长的训练场。让·克雷蒂安任加拿大首相期间，议会秘书任期两年，这个职位被用作对疲惫的后座普通议员的奖励。其职责是回答问题，并在部长不能到议会提交报告时代为提交。克雷蒂安的继任者保罗·马丁，承诺给议会秘书新角色,他们宣誓就任枢密院,可以接触一些秘密文件,参加内阁会议,并由部长分配特定任务。

现任加拿大财政部长议会秘书乔尔·莱特邦德(Joel Lightbound),加拿大自由党,生于 1988 年 2 月 8 日,2015 年 10 月代表魁北克城路易斯-埃贝尔区当选下议院议员。他是信息获取常设委员会副主席,隐私和道德以及其他一些委员会的成员。他出生成长于魁北克市圣福瓦,了解其社区的问题与优势,是一名律师而且是魁北克律师协会的成员。他最初签约法铭德律师事务所蒙特利尔办事处,作为学生、实习生和律师,开启其职业生涯,之后在魁北克市地区专门从事移民法的公司进行法律实践。他本科毕业于加拿大麦吉尔大学的大陆法系和英美法系,并代表学校参加拉斯金全国模拟法庭比赛,他所在团队赢得最佳论据奖、最佳团队奖和最佳双人演讲第二名。他的硕士学位专业是信息技术法,专业从事互联网隐私。2017 年 1 月至 9 月他曾任卫生部长议会秘书。2008 年在尚普兰职业教育学院获得红衣主教罗伊奖杯。

从现任财政部议会秘书的简历来看,他和现任总理特鲁多同属加拿大自由党,身为议员,有法律、信息技术等多重学业背景,生于法语区,有基层工作经验,因此这一职位的选人标准可见一斑。该职位的设置有利于财政部与议会的沟通和交流。财政部议会秘书 2016 年进行了多达 12 场的各省巡回预算前咨询会,咨询会的形式与财政部长所使用的大致相同,所去省市与财政部长有所不同,包括西北地区和努纳武特两个地区,和一些省的较小城市。

(四) 其他议会与公民对预算的参与

为促进议会审议和辩论的质量和公众的可及性,加拿大政府采取了以下措施:估算(预算)文件已精简,详细的支持信息移动到电子附件;在主体预算中推出新的"部门要点"章节,以协助聚集辩论;推出标准格式的"关于计划和优先事项的报告"和"部门绩效报告",以及项目最低水平的项目绩效报告;发布部门权责发生制为基础的未来导向财务报表;政府还发布了在线搜索数据库(信息库),允许公众访问汇总财务信息,并一站式汇总财务报告文件的要素。

五、对我国的启示与借鉴

从加拿大预算编制与管理的历史和现状可以看出,预算编制和管理是随着经济形势的变化和技术进步而不断变化和进步的。变化的经济形势首先反映在立法上，通过立法规定了预算报告编制的过程和周期，而信息科技的不断发展为预算报告的精细化和广泛化提供了技术保证。预算报告的不断细化和预测的不断远期化，为预算管理提供了更广阔和长远的视角，使预算决策更加科学，更加适应各种形势的变化。加拿大的预算报告体系十分完善，年度预算与中期预算完全融合，但议会只批准预算年的拨款，预测期其他年份的数据有一定的约束力，但主要是参考作用。加拿大预算报告的预测期一般是5年，长期预测期时长可达75年。年度预算与中期预算融合的好处是，避免重复编制，各种数据内容一目了然，而且不必为中期预算单独立法。预算管理制度改革是中国财税体制改革的重中之重，十九大报告提出建立全面规范透明、标准科学、约束有力的预算制度，结合我国预算编制、预算报告的现状，加拿大经验有如下的借鉴和启示。

（一）预算报告要有主题，预算演讲要围绕预算主题

进入现代社会，加拿大每年的预算都会有一个主题，例如2014年预算的主题是："通往平衡之路：创造就业和机会"，2015年预算的主题是："强有力的领导：就业、增长和安全的平衡、低税计划"，2016年预算的主题是："壮大中产阶级"，2017年预算的主题是："建设强大的中产阶级"。预算的主题是在每年对影响经济和财政的因素进行排序后选出的，预算文件的编制和预算演讲都紧紧围绕主题展开，使公众和审议者容易理解预算并抓住要点。

（二）建议在预算演讲中举例说明财政政策对个人、企业、社会的作用

加拿大部长的预算演讲中举了三位个人的例子，以说明财政政策起到了培育、壮大中产阶级的作用。我国也可以借鉴这种做法，在预算演讲中加入一些例子，可以是个人，也可以是企业或者社区等等，形象生动地说明财政政策，有助于与公众和审议者的沟通和理解。

（三）完善的财政报告体系是预算编制和预算演讲的基础，建议加快完善财政报告制度

经济和财政预测是财政规划和财政报告的基础，目前我国已经开展了中期预算的编制，但是缺乏明确的顶层设计，而且许多概念与不清晰。建议可从经济预测和财政预测做起，预算正常发布。我国财政工作有"八月十五放光明"的说法，是指到每年中秋节之际，预算出台大约半年左右，财政支出执行过半，一年

的财政经济形势已经比较明朗。因此,可以选择在每年9—10月发布专门中期预算,在试编几年后,逐步过渡到发达国家的形式,即年度预算与中期预算完全融合,一年发布两次,一次繁一次简。如加拿大,3月发布预算,10月左右发布秋季经济报告,秋季的被称为迷你预算。除此之外,可学习加拿大,逐步开始编制各部门的优先事项报告、绩效报告,逐步编制完善中央政府的财政可持续报告、长期预测报告、月度监控报告、政府财务报告、税式支出报告、债务报告等一套财政报告,使预算编制有雄厚的数据和事实支撑。

(四)预算文件和预算演讲既要体现政府感和专业性,也要适度采取生动活泼的形式

生动活泼的表现形式可以吸引公众的关注,提高审议者的兴趣。例如加拿大财政部的预算演讲中适度地使用了流行词,再如2017年预算配套,加拿大有图文并茂的"预算7分钟"文件,意即读者可在7分钟内快速了解预算。加拿大有专门的预算网站,以视频、画面等直观形式宣传预算,哈珀政府时期还为预算谱写了歌曲。预算文件中除了文字,还配有大量的表格、图表和专栏,直观地表现经济形势和财政政策,这些都值得我国借鉴。

(五)借鉴加拿大的预算前咨询会和预算闭门会,加强与审议者、公众和媒体的沟通交流

加拿大财政部长和财政部长议会秘书每年都会进行大规模、范围广泛的预算前咨询活动,包括与弱势群体的交流,如原住民、退伍军人、老年人等等。包括与学生的直播交流活动、市民见面会、与各省商会的早午餐会等等。还有国际推广协调活动以及和各省财长的会议,很多活动都有当地议员陪同,这种大规模深入全面的预算沟通交流活动,有利于预算体现民意,稳定民心,正是十九大精神所要求的,在有条件的情况下应当大力开展。此外,发达国家都有禁播的预算闭门会制度,加拿大的规定尤其严格和详细。这种制度有利于财政部抓住预算发布前的最后机会,了解民情民意,了解公众、媒体的想法,间接推测审议者对预算的态度,以便做好审议前最后的沟通工作,以利于提高预算的通过率。

主要参考资料:

[1] 廖晓军. 国外政府预算管理概览 [M]. 经济科学出版社,2016.

[2] 财政部《财政制度国际比较》课题组编著. 加拿大财政制度 [M].

中国财政经济出版社,1999.

［3］加拿大财政部网站：http：//www.fin.gc.ca/fin-eng.asp.

［4］IMF POLICY PAPER. BUDGET INSTITUTIONS IN G-20 COUNTRIES—COUNTRY EVALUATIONS. April 7, 2014.

［5］加拿大国库署秘书处网站：https：//www.canada.ca/en/treasury-board-secretariat.html.

［6］加拿大预算网站：http：//www.budget.gc.ca.

［7］A brief history of Canadian federal budgets, Jennifer Robson, April 2, 2015.

（执笔人：刘翠微）

分报告5：澳大利亚联邦政府预算报告分析与借鉴

澳大利亚拥有体系全面的现代化预算制度。《预算诚信法章程法1998》规定了稳健的财政管理原则，并要求政府发布财政战略以及一些定期财政报告，包括预算经济和财政展望、年中经济和财政展望、最终预算结果，以及每5年一次的代际报告。预算中将基本开支和政策新举措明确区分开来，并提供政府项目的绩效和财务信息。预算文件和年度税式支出报告中都提供对税式支出的全面、量化估算，但对税式支出的存量和增量没有明确的控制。宏观财政预测每年更新两次，会对预测误差进行分析并写入报告。预算中对财政风险进行了广泛量化分析，包括对宏观经济敏感性、政府资产负债表，以及所有高于指定临界值的或有资产和负债的分析。财政战略报告和远期估算程序为中期财政和预算规划提供了可信框架。政府提出了中期财政目标，有一些到位的财政规则，但缺乏具体性且不具法律约束力。2012年设立了独立财政机构——议会预算办公室（PBO），进一步为财政政策的审慎性提供了保证。联邦政府和州/地区政府之间的财政政策协调是有限的，而且没有对全政府具约束力的财政规则框架。年底议会批准程序包含鼓励充分使用常设拨款（占支出的约75%）的措施。

一、联邦政府预算报告概况

澳大利亚的预算编制没有遵循正式的自上而下流程，但内阁支出审查委员会对需要在预算内确定的总体开支/节流决策给予自上而下的指导。澳大利亚预算包含了所有中央政府收支，但仅约25%的支出通过年度拨款批准，剩余75%的支出通过"特别"或常设拨款立法，而且近年来一些重大财政决策在预算过程之外进行。澳大利亚对预算执行的控制与先进国家标准接轨。但只有年度拨款覆盖的25%的支出超支时要求补充预算，其余75%的常设拨款支出超支时则不需要补充预算，补充预算未规定必须遵循财政或支出中性。而管理（基本项目）费用拨款年底到期时，部门拨款（政府运营资金）允许全部结转。预算中包括一大笔应急储备，为4年预估期总费用的1.3%。任何部委和机构订立多年支出承诺之前，都还需要财政部批准。预估在预算讨论中对总量和部门支出水平起到了事实上限的作用，其更改受制于内阁支出审查委员会制定的严格规则。议会修改政府预算草案有一些权利限制，宪法规定参议院不能修改，给政府普通年度服务拨款的法律，这意味着立法机构只能对确定新举措的那部分拨款提出修正案，修正案对预算平衡的影响没有量化管制，年中预算更新有单独的议会辩论。

澳大利亚根据宪法，议会对政府目标、预算程序、公共服务管理等进行立法，建立了一套完整的财政预算法律体系，使得整个政府预算的各个阶段、各个部门的各种行为必须在议会建立的法律框架下完成。澳大利亚的财政预算法律体系主要包括四个部分：澳大利亚宪法、拨款法案、财政管理类法律和财政责任法律。政府的预算草案经过议会批准之后，政府预算就以《政府拨款法案》的形式取得法律地位。具体的法律包括《审计长法》《公共服务法》《财政管理与责任法案》《预算诚信章程法》。

预算必须在《预算诚信章程法》确定的框架之内提交，该宪章规定了：①对澳大利亚经济的稳健财政管理；②公共财政状况应公开发布；③澳大利亚财政政策的透明度。《预算诚信章程法》与预算报告的编制发布直接相关，作为深化财政预算信息公开方面的法律，于1998年获得议会通过。该法律规定财政部应定期制定和公布财政预算报告及预算执行报告，并规定了财政预算报告的内容、编制程序、编制原则、公布时间等。还明确了健全财政管理的基本原则和三类报告的基本要求。三类报告包括财政战略报告、常规财政报告、代际报告。

（一）政府财务报告

澳大利亚以权责发生制和现金收付制，为中央（联邦）政府编制全面的综合财务报告，包括完整的资产负债表，在财政年度结束后的6个月之内被审计和认证。预算文件还提供中央政府、全国政府和非金融公共部门的历史财务数据。财政统计由独立的澳大利亚统计局编制，覆盖中央政府、全国政府和公共部门及其下属机构的存量和流量。所有数据都是依照国际标准，如GFS2001（IMF的政府财务统计手册）和联合国的国民经济核算体系（SNA）。

（二）宏观经济和财政预测

官方的宏观经济和财政预测由国库部编制，每年预测两次，预测期为4年（在预算和年中更新），提供对基本经济预测的详细讨论，包括基本假设的细节。收支的预估也有很详细，分为现有政策的基准成本和4年预测期新政策成本两部分。2012年，政府发布了由（世界银行）行外顾问组编制的宏观经济和收入预测复审，评估了2005年复审以来的预测流程和绩效。国库部编制代际报告，分析根据政府现行政策，公共部门财政的可持续性，以及超过40年的所有关键收支领域的长期预测。

（三）财政风险

预算和年中更新都包括全面财政风险报告，尽可能汇总和量化了全部能够造成2000万澳元或以上潜在财政冲击的或有资产和负债，包括政府担保、公私合作伙伴关系（PPP）风险共担安排、合同纠纷、税务诉讼。重大担保需要明确的议会授权（如近期扩大存款保险），提交给议会的基于权责发生制的远期支出估算包括预期未来减记、损害或损失的规定。或有负债无年度上限，也未纳入中期支出框架。预算和年中更新都包括收支对可选经济假设的敏感性分析。预算中还有资产负债管理报告，讨论政府资产负债表的收支风险。2013—2014财年开始，预算开始有债务报告，更详细讨论联邦证券和资产负债表。

（四）财政目标和原则

澳大利亚自1997—1998财年以来，整个联邦（中央）政府就有稳定的中期财政目标框架。《预算诚信章程法》中的稳健财政管理原则要求政府在年度财政战略报告中将其长期财政目标、预算年及随后3个财政年度的财政目标具体化。延续了10年的中期财政战略是：在经济周期中平均实现预算盈余；税收占GDP比重保持平均低于2007—2008财年的水平（23.7%）；中期改善政府净经济价值。2009—2013年，经济增长等于或大于2%，政府要求将实际支出增长控制在年均2%，直到预算盈余占GDP比重至少达到1%。但2013年9月大选政府换届后，这一财政战略不复存在。中央政府财政目标的绩效每年报告3次，分别为5月的预算，9月的最终预算结果，以及下一年1月的年中更新。

(五) 中期预算框架

澳大利亚的年度预算和中期预算是完全融合的,即在年度预算中进行中期预测和规划,并没有单独编制的中期预算。预算包括收支的 4 年预测,还包括一些预算总量的 10 年期预测,如净债务和潜在现金余额。自 1997—1998 财年以来,澳大利亚年度预算使用的中期预算框架是滚动的、4 年期的,对每一个联邦(中央)政府项目进行"远期估算"。这些远期估算对总量和部门支出都扮演有约束力的多年限制。远期估算(forward estimates)比单纯的预测更有约束力,在对约定的量/价指数没有任何新决策或调整的情况下,代表每个项目未来支出水平的临时决定。

(六) 绩效预算

自 1999—2000 财年以来,预算根据广泛的成果指标拨款。然而,事实上这些成果指标有时跨越一个或多个项目,对项目绩效的可问责性造成一些模棱两可。各部委都被要求具体化项目和成果指标的供给量,并在年度部门预算报告中汇报进展。被内阁认为退步的所有项目都要进行支出复审,政府还利用战略复审评估单一政策领域一组项目的绩效。独立的审计总署还对各机构、各支出项目进行绩效评估,并直接向议会汇报。

(七) 政府间财政关系

中央政府预算包含覆盖全国政府的财政预测。没有针对全国政府的、指导财政政策的财政目标框架,也没有针对省和地区政府的、中央强制的财政规则,一些地方实体有自己的财政规则。联邦和省/地区政府通过澳大利亚贷款委员会,共同考量联邦和地方借款,其功能更多是信息交换,而不是决策机构。

二、联邦政府预算改革历程

澳大利亚国库部长在预算夜提交预算,该惯例始于 1994 年,为 5 月的第二个周四。只有 1996 年例外,因为 3 月有选举和政府更迭,预算 8 月才出台。1901 年至 1993 年的做法是预算在 8 月出台,即春季的第一个周四夜。另一个例外是 2016 年,是在 5 月的第一个周四举行的,以便在预算提交后,允许政府可能召集双重解散选举。澳大利亚联邦政府一直都是预算改革的先锋,预算改革可以追溯到1974年创建澳大利亚政府管理皇家委员会(RCAGA)之时。

(一)预算改革前20年(1975—1996年)

澳大利亚政府从20世纪70年代中期开始大规模的经济和财政改革,1974年成立了澳大利亚管理皇家委员会(RCAGA),委员会广泛地召开听证会,直接从公共部门收集第一手资料,在咨询的过程中,支出的成本管理以及经济部角色成了中心话题,普遍认为经济部利用制定预算的身份将其观点强加于其他部门的经济政策中,皇家委员会建议分离经济部宏观经济预测和财务支出管理两项功能。1976年12月宣布拆分经济部,将政府会计、公共支出控制和管理等职能从经济部分离出来,组成独立的预算部[1],澳大利亚政府从此有了专门管理政府支出的预算机构。该机构围绕控制公共部门开支进行了一系列尝试,包括强力推行自上而下的总额控制、实施公共支出的追回和全面削减计划等。

霍克政府时期,相继发布了《1983年澳大利亚公共服务改革》和《1984年预算改革》两本白皮书,并从1983年开始启动了预算控制和管理框架改革,财政管理改进计划(FMIP)是改革战略的主要文件之一,涉及预算控制框架、项目管理预算等。这一时期的预算改革是一方面加强支出控制,削减财政赤字;另一方面以资金使用绩效为中心,加强预算管理。这一时期的预算改革开始重视预算背后的行为,逐步确定关注绩效的改革方向,在政府公共服务改革的大框架下全面推进系统化的预算改革,具体有下列举措:

一是重建政府支出审查委员会(ERC),其主要职责是制定总支出限额、确定各支出机构削减预算支出的目标、审查各部门的年度预算提案、审查现有资源的配置制度和项目支出情况等。

二是于1986年设立效率监管小组(ESU),隶属于总理内阁部,直接向总理和支出审查委员会报告,主要管理方法就是调查和监督公共服务行为以减少浪费,使预算过程合理化,并优化政府的行政管理。

三是于1987年引入中期支出框架,包括未来3年支出的中期预测。通过测算各部门的实际资金需求,提供各部门预算支出的基础,使预算过程的重点从详细逐项的支出审查转移到部门政策和支出重点的变化上,通过自上而下的预算控制,遏制各部门支出扩张冲动。

---

[1] 预算部就是后来和今天的财政部(department of finance)。

四是实行部门预算，1987年政府将公共部门活动进行了确认和分类，机构的合理划分及归并成为部门预算的重点。支出审查委员会决定各部门的支出限额后，各部委就相应获得了在既定资源范围内自由调配的权力。

五是实行项目预算，在推行部门预算的同时，政府力图实施项目管理和预算，包括项目的产出目标、所需资源投入、项目管理等内容。借助项目管理，使得政府的绩效同资源的使用以及最终目标相互联系起来。

六是推行项目评估，财政部和公共服务委员会共同颁布了全面的项目评估方案，项目评估的引入最终形成了政府从计划、预算、实施、监控到评估的管理循环。

20世纪90年代，政府通过实施政策和项目评估对现有预算进行更为严格的管理，主要采取两方面措施改进项目管理。一是将部门预算提升到更高的决策高度。让更多的部门官员参与预算编制过程，以保证政策在整个政府范围内的高效性，而不是仅仅局限于某个或某些部门。二是项目评估不再停留在部门层面，而是将财政部纳入评估过程，使项目约束更严格。

同时通过制定中期的预算计划来控制政府的支出，表明政府减少财政赤字的决心。中期计划详细阐述了政府未来的财务准则，也提供了在更为广阔的视角下观察政府预算的手段。其中逐项列出政府计划削减的赤字额，并列出未来四年的具体减支项目，清晰地展现了总体及各部门的支出目标。

（二）预算改革的黄金时期（1996—2007年）

霍华德政府时期，一直推动实施严格的财政整顿和重要的预算改革，重点是建立健全合理、负责任的政府预算制度，以实现财政预算盈余的目标。

1. 立法领域改革

1996年，政府成立了国家审计委员会。1997年12月，通过了三部政府财务管理方面的法案，《财政管理和责任法案1997》（FMA）《联邦机构和公司法案1997》《审计长法案1997》。1998年颁布了《预算诚实宪章1998》，构建了公开、透明、负责任且有绩效的预算管理框架。该宪章通过制定基于"良好财政管理原则"的财政政策，促进公众对财政政策和绩效的监督，来提高财政政策的成果。总的来讲，《预算诚实宪章1998》为制定和执行财政政策提供了一个完善的法律框架，主要包括两个方面：制定财政政策的授权，提供了一个更广泛的财政报告体系，以监督政府财政行为与财政目标达成一致性。制定财政目标主要有两个程序："良好财政管理原则"和政府编制的年度"财政政策报表"。建立能够反映财政政策实施情况的 5 年中期预算框架和 40 年长期预算框架。澳大利亚联邦政府通过中期和长期预算框架,来预测和反映财政政策的实施效果,分析财政政策对未来经济发展产生的影响,进而适时调整财政政策以便使其更好地发挥经济稳定器的作用。1999 年颁布了《公共服务法案 1999》,目标是建立与政治不相关的公共服务体系,以高效和有效地服务政府、议会和澳大利亚公众等等。

2. 权责发生制预算改革

由于国家审计委员会要求推动政府财政信息的公开性和透明化改革,要求政府财政管理活动更加负责任,政府确立了以结果为导向的绩效预算管理框架,推动建立了全面的权责发生制预算报告体系,同时在预算拨款和预算管理中采用成果与产出框架。1999 年,澳大利亚政府预算引入权责发生制,之前所有预算和决策都是以收付实现制为基础的。一是计量基础由收付实现制改为权责发生制,解决如何计量的问题;二是在成果和产出框架下编制权责发生制基础的报告,解决计量什么的问题。与收付实现制预算相比,权责发生制预算的优点在于,能够为决策提供更加全面的、有用的信息,能更好地确定政策性决策的更长期影响,使政府可以更好地进行更有效利用资源的决策。通过引入权责发生制预算,向部门提供的资源,这些资源的预期用途与评价资源支配绩效信息之间的联系更加紧密。

(三) 迈向战略政府 (2007 年至现在)

2007 年,陆克文政府实施"阳光运行"政策,更加强调预算透明度,主要包括五方面的预算改革。一是更加严格界定项目成果;二是要求政府提供项目层面的详细信息;三是要求相关预算报告或者预测更加清晰;四是更好地披露专项拨款的项目内容;五是改进"代际报告"内容。2008 年,颁布了《联邦财政关系法案 2009》,为联邦与各州的财政关系建立了总体框架,为联邦和各州在政策制定和服务提供方面建立了基础,促进了国家重要领域经济社会改革的实施。2013 年,澳大利亚议会颁布《公共治理、绩效和责任法案 2013》(PGPA 法案),替代《财务管理和责任法案 1997》和《联邦机构和联邦公司法案 1997》(CAC 法案)。

近年来,为创造权力下放和分权的公共管理体系,澳大利亚政府开始重新考虑改革方向。特别是,权责发生制结果预算编制过程中的要素发生了逆转,如权力下放的劳资关系安排,以及将项目交付的关键要素外包的趋势。对核心管理活动建立健全共享服务单元的努力也在进行中,以建设整体政府项目团队和政策开发能力,并在开展"全行业"活动,如支出审查、监管审查和主管人员培训中重新发挥中央机构的作用。2010 年 3 月,政府发布了《领先——澳大利亚政府管理改革蓝图》,这种迈向更多横向和纵向一体化的趋势得到进一步推动。该文件阐述了 9 个改革领域,设计为"将澳大利亚的公共服务转型为战略性、前瞻性的组织,其内在文化是评估和创新"。

三、现行联邦政府预算报告的框架与内容

(一) 预算报告的基本框架与构成

澳大利亚的财政年度从每年 7 月 1 日至次年 6 月 30 日,澳大利亚联邦政府预算报告一般在每年 5 月初由澳大利亚国库部和澳大利亚财政部联合发布。2016 年 5 月 3 日澳大利亚发布了 2016—2017 财年的联邦预算报告,共 851 页,包括 4 个主文件,即预算文件 1—4 号;同时发布的还有图文并茂的简要版预算,以及澳大利亚国库部长在向议会提交预算的会议上的演讲(见表 1)。

表 1　　　　　　　　澳大利亚 2016—2017 财年预算文件表

序号	英文名	中译名	发布日期	主要内容	页数
1	Budget 2016—2017 Speech	2016—2017 财年预算演讲	2016 年 5 月 3 日	国库部长就预算发表的演讲	13
2	Budget 2016—2017 Overview	2016—2017 财年预算总览	2016 年 5 月 3 日	简要版预算	32
3	Budget Strategy and Outlook (Budget Paper No.1 2016—2017)	2016—2017 财年预算战略和展望(预算文件 1 号)	2016 年 5 月 3 日	总的财政收支等的分析、估算、预测、展望	308
4	Budget Measures (Budget Paper No.2 2016—2017)	2016—2017 财年预算措施(预算文件 2 号)	2016 年 5 月 3 日	中央各部委预算措施,分为收入措施、支出措施、资本措施三部分	188
5	Federal Financial Relations (Budget Paper No.3 2016—2017)	2016—2017 财年联邦财政关系(预算文件 3 号)	2016 年 5 月 3 日	转移支付	138

续表

序号	英文名	中译名	发布日期	主要内容	页数
6	Agency Resourcing（Budget Paper No. 4 2016—2017）	2016—2017 财年机构资源（预算文件4号）	2016年5月3日	中央各部委资金的估算，包括财务资源、人员资源、费用和净资本投资四部分	172

（来源：根据澳大利亚财政部发布文件整理。）

（二）预算演讲的主要内容

澳大利亚的预算演讲是澳大利亚联邦国库部部长（兼议员）在预算发布日晚上的演讲，同时进行的还有该财年《拨款提案一号》的审读。下面以2017年5月9日发表的2017—2018财年预算演讲为例进行说明。

1. 预算演讲的主题和预算理念

该预算演讲的主题是"确保今后更好生活的正确选择"。国库部长在提议拨款案进入第二次审读后，开始阐述澳大利亚面临的经济形势，他预计未来两年实际增长将反弹至3%，认为澳大利亚经济经历了重大变化，虽然持续跑赢世界上最发达的经济体，但也不得不面对技术变革、全球化以及矿业投资繁荣结束带来巨大的冲击。国库部长还阐述了本次预算的理念是基于公平、安全和机会的原则，他强调支出的增长仍将按传统限制在每年不超过2%。他指出特恩布尔执政以来，政府债务增长了三分之二，债务增长的约四分之三由福利、医疗、教育支出驱动，这些日常支出应由税收提供资金，而不是债务，因此从2018—2019财年开始将不再借债支付日常费用。

2. 四点选择

由于预算演讲的主题就是"选择"，因此国库部长在预算演讲中主要讲了四点选择：（1）促进经济增长，创造更多的就业、待遇更好的就业；（2）保证澳大利亚人的基本公共服务和需求；（3）降低因生活费用上涨给人们带来的压力；（4）确保政府量入为出，不把负担转嫁给下一代。

促进经济增长、创造就业。首先，政府将为企业减税，并奖励为小企业削减繁文缛节成本的各省和地区。其次，政府将投资建设铁路、机场跑道和公路等基础设施，如新西悉尼机场、雪山水电工程、布鲁斯高速公路、菲奥娜斯坦利医院区道路、维多利亚州区域铁路、塔拉梅林国际机场铁路联络线、吉朗华安池校区的复线等。再次，政府将投资于区域增长。为避免一些区域与国家增长断开连接，政府将区域增长基金，并将股权投资墨尔本到布里斯班内陆铁路。最后，政府将对技术移民征费用于新的联邦—州"技能澳大利亚人基金"，培训外国移民,同时也加强对澳大利亚人的技能培训。

保证基本公共服务和需求。首先是安全,2020—2021 财年,政府将实现国防开支占 GDP 的 2%,比预定提前 3 年。其次是医疗保健,未来 4 年联邦政府将额外提高医院经费 28 亿澳元,并资助农村远程医疗心理服务、心理健康研究和预防自杀,深入研究儿童癌症。再次是补齐国家伤残保险计划的资金缺口,政府将在两年内,当额外账单开始出现时,立法提高医疗保险税 0.5 个百分点。最后是继续创纪录地投资于教育,到 2027 年,政府将为每个公立学校系统学生实现 20% 的需求取向资金,非政府学校的学生是 80%。

降低生活费用上涨压力。首先是能源安全计划,主要是澳大利亚天然气资源首先保证国内使用,以及雪山水电和修建天然气管道。其次是整顿银行系统,将成立澳大利亚金融投诉局解决纠纷、对银行不当行为罚款、对评估债务大于等于 1000 亿澳元的大银行征税。最后,部长重点谈到下调房屋成本上涨的压力,将采取的措施包括多渠道融资建造可负担住房,以减税等措施帮助首套房购买者,并注无家可归者和家庭暴力受害者,对外国人投资的住房征收空置税,开发商新楼盘销售给外国投资者的比例不得超过 50%。

确保政府量入为出。首先是继续打击跨国公司逃避税行为,重点调查公司结构。其次是防止人们轻松享受福利制度,保护那些更需要的人。政府将支持年轻父母就业,包括儿童护理、就业前培训、金融扫盲和计算能力,并严格要求毒品药品酒精滥用的求职者,加强对单亲父母寻求福利的核查要求,对新移民获得澳大利亚退休金实行更严格的户籍制度,拒绝给因滥用药物的残疾人福利。

(三)预算报告的编制主体、流程和周期

澳大利亚联邦预算是规定澳大利亚国库部下一财年估算的收入和支出的文件,提出该时段澳大利亚政府行动的实施安排,及之后几年的财政政策。预算以提交议会的年度命名,如 2016 年 5 月出台的 2016 年预算是关于 2016—2017 财年的(2017 财政年度:2016 年 7 月 1 日至 2017 年 6 月 30 日)。所有的预算报告均为澳大利亚国库部和澳大利亚财政部联合编制。

预算中的收入估算详情是通过澳大利亚税务系统提出的,而政府支出(包括给各州的转移支付)在整体经济中占相当在比例。联邦预算除了提出政府的预期收支外,还是政府意图和优先事项的政治声明,具有深刻的宏观经济影响。

澳大利亚在很大程度上追随威斯敏斯特体系的惯例。例如,首相必须得到众议院多数派的支持,并且必须在任何情况下能够确保,没有绝对多数反对政府的

情况存在。与预算有关的要求是，如果众议院未能通过政府的预算，即使是1美元，那么政府必须要么辞职，以便任命不同的政府；要么寻求议会的解散，以便可能举行新的大选来重新确认授权。

1. 预算流程

预算的编制过程始于11月，权责发生制信息管理系统（AIMS）随最新的估算而更新。同时进行的还有高官审核，即首相、国库部长、财政部长开会确定下一财政年度的政策优先事项和战略。高官审核的结果决定了不同部委将如何准备其提交给内阁的预算。每个部委内的机构不提交新资金申请，因为机构内潜在存量资金还未确定。在财政部同意了成本核算后，2月下旬对提交的文件进行传阅以协调意见，并存放在内阁办公室。

支出审查委员会（ERC）是内阁机构，3月开会审议所有提交材料。他们决定将资助哪个提议，以及每个项目获得的资金水平。支出审查委员会会议结束后，特设收入委员会开会对预算的收入来源做决策。预算前对估算的审查，在所有决策敲定之后进行，以确保其反映在权责发生制信息管理系统（AIMS）之内。预算文件的编辑在支出审查委员会程序结束之后开始。各机构准备两个组件：即部门预算报告、年中经济和财政展望。部门预算报告提供额外的预算的细节和解释以及风险报告，被收入预算一号文件中。最终预算由国库部长作为《拨款提案一号》第二次审读的一部分，在预算夜提出并呈交议会。《拨款提案一号》是从综合收入基金中拨付资金，用于政府的一般年度服务。

2. 主要预算报告的周期

预算一号文件大多数数据覆盖6个财年，即预算前两个财年、预算财年和预算后3个年财年的实际值、估算值和预测值，具体覆盖年份会根据数据类型不同有所增减。预算二号文件的数据覆盖5个财年，分别为预算前一财年、预算财年和预算后3个财年，根据各项措施的日程和进度不同，有的财年有数据，有的财年无数据。预算三号文件的大多数数据分州（6个州和2个地区）列示，覆盖五个财年或自然年，分别为预算前一财年、预算财年和预算后3个财年，有的数据覆盖年份有所减少。预算四号文件大部分为数据表。文件中的数据表按照部门分组，分单位列示，数据覆盖两个财年，即预算财年和上一财年。

（四）预算报告的形式和公开程度

1. 形式

澳大利亚有专门的预算网站，网址为：http://www.budget.gov.au/。记录了 1970 年以来的所有预算报告。澳大利亚财政部网站记录了 1997 年以来的所有预算报告。2017—2018 财年预算的全套文件包括：预算演讲、预算总览、预算文件（1—4 号）、部门文件（4 份）、部长声明、情况说明书。此外，《年中经济和财政展望》报告（MYEFO）的体例与预算相互呼应，可以看作是预算的年中调整版，全套的《拨款法案》也应看作是预算报告的组成部分。

2. 透明度

《预算公开调查》（OPEN BUDGET SURVEY）2016 年 12 月的更新，对各国代表了透明度的基本组成部分的 8 个主要预算文件公开情况进行了定期评估。8 个文件分别为预算前报告、行政长官预算建议、通过的预算、公民预算、年内报告、年中复审、年终报告、审计报告，澳大利亚除了预算前报告 1 项未编制之外，8 项中的其他 7 项都有编制并对公众公开，并且符合国际标准的时间表。

3. 与经济规划的关系

澳大利亚没有类似于我国"十三五规划"的综合规划或经济规划，国家的中期目标直接反映在预算中，长期目标反映在《代际报告》中。但是 2016 年，政府发布了《就业和增长的国民经济计划》，之后的预算都是围绕就业和增长的主题。

（五）预算报告的审议

预算首先在国会进行辩论，上院没有权限提关于增加税负或增加公众费用或负担的法案。预算终稿一旦完成，就要同时在上下两院作预算报告。向下院提交年度拨款法案，向上院提交有关支出的详细文件，以便上院预算委员会审议。上院有 6 个预算委员会，审查所有部门预算。主管部长或他在上院的代表和各部门官员要出席，并随时可能会根据预算委员会的要求提供更多更具体的信息资料。上院预算委员会继续这些工作的同时，下院的一个委员会对法案进行辩论，该委员会要向下院议长报告辩论结果，之后下院才会通过拨款法案。该法案然后正式提交上院，审议后通过。

每年 3 月，内阁中的预算委员会对年度预算收支说明进行审核，确定项目取舍和项目排序；4 月，联邦总理和资深内阁再次审核后，国库部根据审核意见进行调整并形成预算草案；5 月，政府将预算草案提交国会众议院审议，国库部长在此过程中要接受议员咨询，众议院三读通过后提交参议院审议，参议院审议通过后将预算草案送回众议院，众议院审议通过后即形成具备法律效力的国家预算。遇有突发事件或经济形势变化需要调整预算的，也将在每年 11 月向国会提交补充预算,审议程序类似,一般在次年3月完成。

四、预算报告的形成及其与立法机构和公众的沟通机制

(一)预算前征求意见

2016—2017财年的预算前征求意见期限是2015年12月18日至2016年2月5日,为期约50天。这次活动由国库部助理部长发出通知,通知中说该财年预算将继续保持政府负责任地限制支出的承诺,同时支持经济增长以提升收入。政府会继续铺开支持澳大利亚开放贸易的国家增长和就业计划,推进创新,建设新基础设施,使交付产品和服务的方式现代化,努力建立增长友好型的税收体系并加强经济。政府在制定预算战略和政策时,非常重视吸收社区意见,为尽早将各方意见纳入预算流程,请利益相关方尽快提交意见书。较长的意见书最好有不超过两页的摘要,并附有电子版。

2017—2018财年的预算前征求意见期限是2016年12月8日开始,原定2017年1月19日截止,实际进行到2017年2月17日,为期约72天。2017—2018财年的征求意见活动是由澳大利亚小企业部部长向各利益相关方发出通知,通知中说该财年预算将保持政府对经济增长的承诺,以提振就业并明智和负责任地限制政府开支。强大的预算可确保国家准备好处理全球金融体系的未来挑战,并确保政府未来的服务。政府将继续致力于在平衡预算的同时,提供社区需要和期盼的服务。由于《年中经济和财政展望》(MYEFO)已发布,为了政府在预算过程中考量提出的建议,希望各利益相关方尽快提交意见。2017—2018财年预算前征询意见活动,最后在国库部网站公布的收到各方意见和建议多达290多条。

2018—2019财年预算的预算前征询意见工作已经开始。2017年9月20日,澳大利亚国库部助理部长代表国库部发出通知,就2018—2019财年预算的优先事项向个人、企业和社区团体征询意见。征询意见从2017年9月20日开始,截止日期是2017年12月15日,为期约87天。助理部长说2018—2019财年预算将继续政府修复预算的承诺,以确保联邦政府保持其财政轨道回到平衡的同时,支持所有澳大利亚人的公平、机会和安全。为了将各方观点尽早纳入预算程序,政府恳请利益相关方提交意见书。提交意见的方式有电话、电子邮件或在国库部

网站注册后直接提交,也可以直接提交给国库部预算政策司的工作人员。

(二)预算闭门会

在预算日,但在提交预算之前,国库部长会花一天时间,就预算的各个方面,为媒体和利益集团举行闭门吹风会,这被称作"预算闭门会"。由于所提供的一些信息具有市场敏感性,被邀请参加吹风会的各方不允许在预算提交给议会之前与外部接触,预算通常由国库部长提交,于下午7:30开始。进入现代社会,预算提交过程由澳大利亚ABC电视台和澳大利亚天空新闻,从议会大厦现场直播。该直播由ABC电视台主办,从下午7:30至8点不间断,通常接下来是专家组评估预算的变化、好处和缺陷的报告。政府预算网站可为其他有关方面提供额外的预算文件和材料。澳大利亚政坛的惯例是给予反对党领袖"回应权",他们可在政府预算演讲两天后在议会发表回应,该回应也会被电视直播。

澳大利亚国库部2017年5月29日发布了预算闭门会声明。所有预算闭门会的安全措施目前正在复审,正如每次预算活动之后一样。其目的是国库部闭门会的提高安全性和完整性,而不损害媒体的报道能力。在当天上午参议院的听证会上,秘书长就未来这类活动的IT安保措施,陈述了他倾向的做法。为实现这些更改,需要处理一系列事务,包括与媒体机构合作,满足他们的要求。最终的形式和安排将与国库部长办公室一起决定。

(三)其他议会和公民对预算的参与

2012年建立的议会预算办公室,编制国会议员提议的成本核算,对预算和财政政策问题进行研究和分析,议会预算办公室显著提高了国民议会参与预算和财政问题的能力,提高了预算和财政框架的透明度和可问责性。澳大利亚国家审计署还曾通过其网站,在其对预算绩效审计的证据收集阶段,试点和引入了公民参与机制。

五、对我国的启示与借鉴

澳大利亚的预算报告体系较为完善,年度预算与中期预算完全融合,议会只批准预算年的拨款,预测期其他年份的数据主要是参考作用。澳大利亚预算报告的预测期一般是4年,代际报告的预测期是40年。2014年9月26日,国务院印发《关于深化预算管理制度改革的决定》，指出深化预算管理制度改革的主要内容是：完善政府预算体系，积极推进预算公开；改进预算管理和控制，建立跨年度预算平衡机制；加强财政收入管理，清理规范税收优惠政策；优化财政支出结构，加强结转结余资金管理；加强预算执行管理，提高财政支出绩效；规范地方政府债务管理，防范化解财政风险；规范理财行为，严肃财经纪律。结合该文件精神，澳大利亚预算管理经验有如下的借鉴和启示。

（一）预算演讲设置主题，围绕主题展开解释说明

近年来，澳大利亚在预算演讲中都会设计一个主题，例如 2017—2018 财年预算演讲的主题是"确保今后更好生活的正确选择"，围绕"选择"这一主题，国库部长阐述了政府的四点选择。预算的主题是了解民情民意的基础上确定的，预算文件的编制和预算演讲都紧紧围绕主题展开。

（二）预算文件和预算演讲要体现政府的理念和财政目标

首先，政府要设立明确的财政目标和预算理念。如澳大利亚政府就设立了在经济周期中平均实现预算盈余的总体财政目标，在债务和赤字及其他细节方面也都有具体的数字化目标。我国应结合经济和财政预测，逐步设置财政中长期目标，和每年的具体数字化目标。澳大利亚联邦预算体现了预算的理念是基于公平、安全和机会的原则，我国预算应在体现党中央的执政理念，如十九大精神、习近平新时代中国特色社会主义思想等的基础上，开发设计出类似于社会主义核心价值观的易记易懂、高度概括又具指导性的预算理念。

（三）经济和财政预测的方式方法及预测期长短可灵活掌握

国外财政报告中的预测有多种英文表示，如 projection 表示的是技术能力最强的、大多使用模型的最正规的预测；estimate 表示估算，一般是使用基线法的估算；evaluation 表示估计、估定；forcast 表示预计、预报。有的国家是财政部自己使用模型进行预测，有的国家参考私营部门的预测取其平均数。而在预测期上，每个国家都不同，澳大利亚不同的财政文件中的预测期也各不相同。我国在进行经济和财政预测时，可以根据不同的文件需要、不同的领域和技术力量，选取适合的预测方法和预测期长短。如一般性工资预算就可以采用基线法的估算，与经济波动相关性强的收支就采用正规的预测。再如中期预算目前设计是 3 年滚动，那么预测期就可以设为 3 年；而对债务、国防、养老、科技、医疗、教育等

重点领域，预测期就应加长并单独发布报告，尤其是社会保障支出。

（四）借鉴澳大利亚预算前在线征求意见的形式，搜集公众的意见和建议

从近 3 年的情况看，澳大利亚每年都会在国库部网站发布预算征求意见的通知，有时是 12 月，有时是 9 月，征求意见的期限越来越长，2016—2017 财年是 50 天，2017—2018 财年是 72 天，2018—2019 财年是 87 天。一般由国库部助理部长发出通知，表达政府在制定预算战略和政策时，非常重视吸收社区意见，尽早将各方意见纳入预算流程的意愿，并请利益相关方尽快提交意见书。2017—2018 财年预算前征询意见活动，最后在国库部网站公布的收到各方意见和建议多达 290 多条。提交意见的方式有电话、电子邮件或在国库部网站注册后直接提交，也可以直接提交给国库部预算政策司的工作人员，还建议较长的意见书最好有不超过两页的摘要，并附有电子版。这种在线搜集意见的方式节省开支，同样能够达到深入群众，了解家庭、社区、企业、个人、社会组织意见的作用，可以借鉴并大力开展。

（五）审议支出的范围

澳大利亚需要议会审议通过的支出仅占总支出的 25%，其余的支出为常设支出或"特别"支出，不需要议会审议，通过其他立法拨付。而加拿大的法定支出占全部支出的 60% 左右，不需要议会审议，需要议会审议的支出称为"表决支出"，只占 30%—40%。两国均对议会的其他权力设有限制，议会在决定支出上的权力并不是很大。我国目前还没有常设支出、审议支出或法定支出、表决支出的分类，是否全部支出都需要经审议，以及审议者的权力大小和范围问题，应该有一个考量。

主要参考资料：

[1] 廖晓军. 国外政府预算管理概览 [M]. 经济科学出版社，2016.

[2] 刘力云. 澳大利亚联邦预算管理、政府会计和决算（财务报表）审计 [M]. 中国时代经济出版社，2015.

[3] 卢真，陈莹编著. 澳大利亚政府预算制度 [M]. 经济科学出版社，2015.

[4] 澳大利亚国库部网站：http://www.treasury.gov.au/.

[5] 澳大利亚财政部网站：http://www.finance.gov.au/.

［6］澳大利亚预算网站：http：//www.budget.gov.au/.

［7］IMF POLICY PAPER. BUDGET INSTITUTIONS IN G－20 COUNTRIES－COUNTRY EVALUATIONS，April 7，2014.

［8］OVERVIEW OF PREVIOUS PUBLIC ADMINISTRATION REFORMS IN AUSTRALIA，VALUE FOR MONEY IN GOVERNMENT：AUSTRALIA 2012 © OECD 2012.

（执笔人：刘翠微）

分报告6：日本政府预算报告分析与借鉴

根据日本《宪法》《财政法》《预算决算以及会计令》等法律规定，预算由内阁编制，财务省负责具体落实，在国会审议通过预算之前，内阁需要提交给国会一系列的预算文件及附件，并需要财政部长在国会进行口头演讲，待国会审议通过后，预算案正式成立。

一、政府预算报告相关理论

IMF 和 OECD 都曾对预算最优标准做过梳理，相比较而言，OECD 指南[①]对预算主体文件以外的报告书体系的梳理更有条理。OECD 指南建议各国编制预算前报告、月度报告、年中报告、决算报告、选举前报告、中长期预测报告共6种报告。而 IMF 手册中还提到了建议编制 OECD 指南中没有提及的财务报告以及 GFS 报告（依据发生主义编制的关于财务状况报告）。预算前报告是在向立法部门提交个别的财政支出、收入预算法案前，为了便于进行综合性财政战略的讨论而编制的报告。也就是说，编制预算前报告的目的是为了与针对综合性财政政策讨论以及预算资源分配的详细讨论相区别，因此预算前报告中不阐述过细的内容。OECD 指南建议，预算前报告应说明中期的经济政策目标（intention）；将重点放在年度财政收入总额、支出总额、收支差、债务；至少于年度预算草案提交议会审议1个月前公布。在美国、英国、日本、法国、瑞典、澳洲、新西兰国，均编制预算前报告。本文所研究的日本预算报告的范围从严格意义上来说，指的

---

① OECD Best Practices for Budget Transparency.

是 OECD 指南中提到的预算前报告。

在日本，狭义的预算前报告指的是财政部长于预算日在国会进行的预算演讲，称为"财政演说"。日本最早的"财政演说"始于 1946—1947 年的吉田茂内阁①时期，由时任大藏大臣的石桥湛山首次在国会做"财政演说"。时至今日，在日本国会一共进行了 32 次"财政演说"，最近一次是第 3 次安倍晋三内阁的财务大臣麻生太郎于 2017 年 1 月 20 日在国会进行的财政演讲。广义的预算前报告指的是包含财政演讲在内的政府年度预算草案（1 月末）以及内阁前后提交议会审议的全部预算文件（预算草案向国会提交 1 个月以前），包括《预算概算要求的基本方针》（上年 8 月份）《预算编制的基本方针（内阁会议决定）》《经济预期与经济财政运营的基本态度（内阁会议了解）》《关于一般会计公债发行等（内阁会议决定）》《一般会计财政年度收入支出概算（内阁会议决定）》《国家与地方的长期债务余额》等。这些文件虽然不会详细说明中期财政收入总额、财政支出总额、收支差额等内容，但会对预算年度的财政收入支出总额、一般会计的公债收入（收支差）、国家与地方的债务余额、对国家财政的基本考虑和政策方向等做出明确说明。

二、政府预算报告的历史沿革与现行做法

（一）作为国家机密的预算与预算报告

预算报告的编制、框架、内容以及公开程度与国家预算管理的发展相适应。预算管理所处的历史阶段与传统决定了政府预算报告的形式与内容。分析预算的发展历史，能更好地理解预算报告是怎样一种独特的存在。日本预算制度以及预算学说的基本形态可以追溯至明治宪法的制定。明治宪法是在对各国制度的深刻理解和有意识的吸收基础之上制定的，是一部内容极为丰富的宪法典。它的基本构架是以 1805 年德意志普鲁士宪法为主要模仿对象，但却并不是仅将德语译成日语，而是发现了普鲁士宪法的问题并对其进行了发展性的继承，作为君主立宪制下的预算制度来说，是一部完成度很高的法典。将预算以法律形式确定下来是

---

① 吉田茂（日文よしだ しげる 英文 Shigeru Yoshida 1878 年—1967 年）日本首相（1946 年—1947 年，1948 年—1954 年）。

普鲁士独特的制度，日本在这方面也是受德国制度的影响最大。

近代国家预算于 18 世纪绝对王权时代首次出现，于 19 世纪上半叶的君主立宪时代普遍推广。当时的预算只不过是作为业务处理的准则，为了实现绝对君主的统制而存在的"行政技术"。因此，预算是通过行使君主的命令权，对官吏进行严格约束的产物，不具备通过预算对君主进行约束的考虑。另外，预算编制主要关注的是按照预算规定从各地征税，专注重视收入这一侧面。预算被当作"国家机密"，只有很少几个大臣可以阅读，而对于皇太子而言，是作为君主的遗诏保管在银质箱子中的。也就是说日本在绝对王权和君主立宪时期，尚未出现预算报告制度。

（二）作为税收批准资料的预算与预算报告

19 世纪南德意志各国的宪法中开始出现将仅停留在国家内部行政技术层面上的预算固定为法律。以 1819 年制定的符腾堡宪法[①]为例，在符腾堡宪法中，市民阶层最关注的是议会的税收批准权是否得到保障，当时，如果君主提出的征税提案想要得到议会批准，必须有"预算不足"的前提，这就需要君主提供使其要求合法化的依据，而作为证明材料，就需向议会提交"预算（Etat）"。这就是宪法中出现的预算的最早形式。换言之，在征税获得批准的过程中，为了"审查"的目的向议会提交的"证据文件"就是预算，政府必须证明必要支出存在"不足部分"，并提交"预算"文本作为征税的依据说服议会。这个阶段的预算是使君主征税的要求合法化的资料，因此预算编制由政府来进行是理所当然的事，而议会的关注点主要集中于国家的收入侧面的征税方面，因此，一旦政府获得议会的征税批准，预算的使命就算完成，之后就是确保政府没有不受约束的支出了。从根本上来说，把预算当成征税依据的资料这点就具有了支出的指针意义，政府拥有自由支出权限、不受经议会审查的预算约束的这种结构，作为制度而言是不稳定的。在相对较晚才制定宪法的北德意志各国，虽然基本上还是坚持同样的结构，但议会通过明确预算削减权等方式，对公共支出的参与权进一步增强。此时的预算报告内容更多从收入转向支出。

（三）明治宪法预算赞成制度下的预算与预算报告

明治宪法主要以普鲁士的预算制度为模仿对象进行起草，但明治宪法下的预

---

① 德国旧州宪法。

算采取的是议会赞成的方式,而未采取"法律形式"。对预算采取议会赞成制度,是日本独有的表现形式,当评价一个国家的预算制度时,不能仅单纯着眼于议会的表决形式,必须在统治结构整体中考察议会对预算措施实际上参与到何种程度。从这个观点来看,从 19 世纪初出现的符腾堡预算作为税收批准资料,由议会批准制度到普鲁士法律规定的预算确认制度,预算相关权限均是由政府与议会分担的,如果没有特别规定,则一般从制度上无法阻止预算争议的发生,而明治宪法继承了同样的结构,预算是政府和议会"协调"的产物。因此,在立宪君主制下,无论预算的决定方式是单纯表决还是通过法律,或是以称为"预算"的独特形式,各个国家的预算制度都具有一系列连贯性。

(四) 日本现代预算与预算报告

1947 年,日本制定并实施《财政法》[①],规定内阁有向国会及国民报告财政状况的义务。此时,日本才产生第一次"财政演说",预算报告首次作为一个独立的文件,以合理的格式、严格的程序和权力等级提交至国会审查。2001 年 4 月起开始实施《信息公开法》,规定凡除国家机密、个人隐私以外的国家信息,均须向国民公开。此次,从中央到地方政府,年度预算报告均可以从政府相关网站下载或向专门的信息公开窗口索要。当公共预算"从一种保证公共支出的合法性与合理性手段变成一种改善公共部门管理和提高资金使用效益的工具(OECD,2001)"时,越来越多国家的预算报告体系开始涵盖绩效指标的设计。随着西方绩效预算的产生,2001 年 1 月,日本引入了政策评价制度,对主要预算项目目标的绩效情况进行评价,但目前绩效情况以及绩效目标从制度规定上尚不需要写进预算报告提交国会审议。

三、政府预算报告的框架与内容

目前,最新的预算是 2017 年 3 月 27 日日本第 193 届国会(常会)通过的 2017 年度政府预算[②],下文对预算报告的框架及主要内容进行简要概述。

---

① 日本《财政法》相当于我国的《预算法》。
② 日本财务省网站。

(一) 预算报告的基本框架

日本预算报告包括多份文件，一般分两次公布。在内阁批准后公布一次，在提交国会正式开始审议前再补充公布一些相关文件。以 2017 年度预算报告为例进行说明。2016 年 12 月 22 日，日本内阁批准了 2017 年度预算草案，发布了 6 个相关文件，共 260 页。

1. 年度预算重点（2017 年 3 月 6 日更新）；
2. 年度预算框架；
3. 一般会计①收入支出预算；
4. 日本财政状况；
5. 各类预算重点（2017 年 3 月 28 日更新）；
6. （参考）2017 年度税收收入及印花税收入预算。

2017 年 1 月 20 日，财务省网站补充发布了另外 5 个预算文件。

1. 特别会计支出；
2. 对独立行政法人的财政支出；
3. 对地方的补助金支出；
4. 预算编制中的 PDCA 循环机制；
5. 参考资料："预算执行调查"的反映情况和政策评价的活用案例。

(二)《年度预算重点》的主要内容

《年度预算重点》共 13 页，以文字和图表相结合方式介绍了 2017 年度的预算重点，具体内容包括：

1. 年度预算目标。以文字形式介绍了 2017 年度的两个预算目标：激活经济和财政健全化。
2. 年度预算框架。以表格形式列举了 2017 年度的收入、支出，以及较上年度的增减额等。
3. 经济指标和一般会计财政指标。以表格形式列举了近 6 年来的名义 GDP 规模及增长率、实际 GDP 规模及增长率、完全失业率；一般会计财政指标也以表格形式列举了近 6 年来的一般支出、税收收入、公债收入、基础性财政收支、公债依存度。

---

① 日本预算包括一般会计、特别会计与政府关联机构会计。

4. 公债发行额与公债依存度的变化。以折线柱状图的形式展现了从 1989 年至 2017 年（共 29 年）期间公债发行额与公债依存度的变化。

5. 2017 年度一般会计支出与收入结构。以两个饼图的形式展现了 2017 年度一般会计支出结构与收入结构。

6. 主要支出明细。以表格形式列举了国债还本付息支出、一般支出（社保支出、文教及科学振兴支出、公共事业支出、国防支出等）及地方交付税三大类支出 2016—2017 年的预算规模、增减额、增长率及备注信息。

7. 2017 年度预算的特点。主要介绍了社会保障、公共事业、农林水产、外交国防等各个支出领域的特点。

8. 各支出领域的改革。主要介绍了社会保障、文教科技、基础设施改善、医疗等领域改革的方向与实施时期等。

（三）《一般会计收入支出预算》的主要内容

《一般会计收入支出预算》文件共 3 页，具体内容包括：

1. 2017 年度一般会计收入支出概算。以表格形式列出了 2017 年度预算的收入、支出预算规模、上年预算规模、较上年的增减额及增长率。其中，收入包括税收和印花税收入、公债收入及其他收入，支出包括国债还本付息支出、一般支出及地方交付税交付金等支出。

2. 2017 年度一般会计部门支出概算。以表格形式列出了日本中央 17 个部门预算单位及预备费 2017 年度的支出预算规模、上年预算规模、较上年的增减额及增长率。

3. 2017 年度一般会计功能性支出明细（见表 1）。以表格形式列出了 2017 年度社会保障、文教与科学振兴、国防、公共事业、经济合作、国债还本付息、粮食稳定供给等按照功能分类的支出预算规模、上年预算规模、较上年的增减额及增长率。

表 1　　　　　平成 29 年（2017 年）一般会计收入支出概算　　　　（单位：亿日元）

主要经费	28 年度预算（当初）	29 年度预算	增减额	增减率	备 注
※国债费	236121	235285	▲836	▲0.4%	
※一般支出	578286	583591	+5305	+0.9%	
社会保障费	319738	324735	+4997	+1.6%	

续表

主要经费	28年度预算（当初）	29年度预算	增减额	增减率	备注
文教及科学振兴费	53580	53567	▲13	▲0.0%	义务教育费国库负担金的自然减少等▲18亿日元
其中科学技术振兴费	12930	13045	+116	+0.9%	
退休金费	3421	2947	▲474	▲13.9%	
防卫费	50541	51251	+710	+1.4%	中期防卫对象经费+389亿日元（+0.8%），SACO·美国军再编经费等+321亿日元 占名义GDP比重：防卫关系费0.926%（中期防对象经费0.885%）
公共事业费	59737	59763	+26	+0.0%	
经济协力费	5161	5110	▲51	▲1.0%	
参考ODA	5519	5527	+8	+0.1%	一般会计整体的ODA预算连续2年增长
中小企业对策费	1825	1810	▲14	▲0.8%	反映经济恢复的信用保证制度相关预算（日本政策金融公库出资金）的减少▲32亿日元
能源对策费	9308	9635	+327	+3.5%	给核损害赔偿支援转入400亿日元
粮食稳定供给费	10282	10174	▲108	▲1.0%	
其他项目经费	61193	61098	▲95	▲0.2%	
预备费	3500	3500			
※地方交付税交付金等	152811	155671	+2860	+1.9%	针对地方税·地方交付税等的一般财源总额，确保实际上与28年度水平相当
总计	967218	974547	+7329	+0.8%	

注：1. 为了和2017年（平成29年）预算作比较，2016年（平成28年）预算有重新调整组合。2. 总计由于四舍五入的关系，有一些分数加起来和总数不一样。3. 一般支出是指，从一般支出总额里减去国债费和地方交付税交付金等。资料来源：日本财务省网站。

四、与我国预算报告的比较及启示

（一）相同点

1. 均缺乏对未来支出的预测

国外预算报告重视对未来收支的预测，通过从历史纵向角度对比多个年度（至少3年甚至更长）的预算数据，使读者对预算变化情况一目了然，如美国。而日本和我国这点类似，日本预算草案中，有预算年度的预算总额和预算年度各省厅的预算额，但没有预算年度以后的支出总额的预测。我国的预算报告也是一样，虽然列举了收入总额、支出总额、主要的收支项目以及完成预算的实际情况，但未列出上年度的详细数据，也未列出今后未来两年及更长时期的预测数据。建议今后在完善数据积累的基础上增加预算报告中具体数据的年度连续性，增强预算的前瞻性。

2. 均不含绩效目标的设定

在制度安排上，日本没有要求预算文件中列示项目的绩效目标。但日本自2001年起实施中央省厅改革，要求各省厅实施政策评价，在各部门开始尝试公布项目的绩效目标。财务省要求从2001年的预算编制开始，各省厅在申报预算时连同政策目标等相关资料一并提交，但从现状来看，预算报告中尚未体现绩效目标的内容，但这是改革的趋势。这点和我国类似，我国预算绩效管理虽然从20世纪90年代公共财政框架建立至今，大致经历了自发探索萌芽、加强绩效评价试点、全过程预算绩效管理理念确立以及预算绩效管理发展新时期四个阶段，预算绩效管理取得了显著成绩。十九大报告也提出对于财政资金的支出要"全面实施绩效管理"，但从现状来说，目前的预算报告体系中尚未涵盖预算指标的信息。

3. 均是重要的政府部门报告之一

在日本，每年1月份在国会常会上，需要由内阁总理大臣、外务大臣、财政大臣以及经济担当大臣进行口头演讲并接受代表质询，号称"政府四演讲"，该传统始于昭和27年（公元1952年）第15次国会，沿用至今。在每年1月召开的常会（通常国会）上，内阁总理大臣将对今后一年政府国政整体采取的基本方针进行施政方针演讲，在此之后，外务大臣发表外交演讲，财务大臣发表财政演讲，经济财政政策担当大臣发表经济演讲。而我国每年两会上同样有多份报告需要审议表决，分别是政府工作报告、国民经济和社会发展计划草案报告、预算报告、全国人大常委会工作报告、最高人民法院工作报告、最高人民检察院工作报告，号称雷打不动的六大报告。从这点来看，日本和中国相似，均非常重视预算报告在国家治理中的地位和高度，将预算报告视为为数不多的极为重要的政府部门报告之一。

（二）不同点

1. 日本财长需要在议会就新一年的预算进行口头报告，而我国目前不需要财政部长在人代会进行口头报告

在日本，有大臣口头作报告的历史传统，最早可追溯至第一次帝国议会。第一次由财政部长在国会进行财政演讲始于吉田茂内阁时期。最新一次是2017年1月20日麻生太郎财务大臣在第193回国会的财政演讲，麻生太郎的财政演讲篇幅不长，日文全文约3200字（译文见专栏1）。演讲的内容包括国内经济状况、国外经济形势、新的预算年度的展望等信息，主要阐述支出领域，只有提到总支出、收入、公债时谈到具体数据，而具体领域只是说要做什么事，支出数据基本未涉及。演讲之后隔一日还需在所有国务大臣都出席的情况下应对"代表质询"，针对各党派人员的提问进行答辩。针对预算审议，主要目的首先是进行与预算有关的质询，但过去也出现过对国政整体情况提问的情形。

专栏1：麻生太郎在第193届国会的财政演讲全文

平成29年1月20日

借审议平成二十九年度预算以及平成二十八年第三次补充修正预算之际，我将阐述对财政政策的基本想法，并向各位说明预算的概况。

（日本经济的现状与财政政策等的基本想法）

关于日本经济，得益于安倍内阁之前的努力，就业、收入环境得到切实改善，经济出现良性循环。为了夯实这种良性循环，今后我们也将继续全面调动金融政策、财政政策、结构改革，进一步加速推进"安倍经济学"。

为了实现"一亿人总活跃社会"，在推进扩大投资的成长战略的同时，我们将着力进行育儿、护理的环境整顿等措施，为了克服少子老龄化社会而提高潜在增长率。

另外，为了维持陷于严重困境的财政可持续发展，实现2020年度的基础财政收支平衡化目标，依据"经济、财政再生计划"以及"改革工程表"，我们将继续加强财政支出、收入改革。

（平成二十九年度预算及税制改革的概况）

接下来，我将向各位说明一下平成二十九年度预算以及税制改革的概况。

平成二十九年度预算是"经济、财政重建计划"中第二年的预算，我们将切实应对当下的重要课题，实现"经济重建"和"财政健全化"的共存。

具体来说，为了实现"一亿人总活跃社会"，我们正在切实执行保育员以及护理人才等的待遇改善、给付型奖学金的设立等主要措施。在提高科学技术振兴费的同时，也在推进与经济重建有直接联系的政策，如重点关注公共事业相关费中的成长领域。此外，从确保国民生活的安全、安心的观点出发，我们正在加强海上保安体制、加强应对恐怖袭击的信息收集、处理能力。

一般财政支出约为五十八万亿三千六百亿日元，一般会计总额在此基础上再加上地方交付税交付金等约十五万亿五千七百亿日元以及国债费约二十三万亿五千三百亿元，约为九十七万亿四千五百亿日元。

而财政收入方面，税收等的收入约为五十七万亿七千一百亿日元，其他收入估计约为五万亿三千七百亿日元。此外，国债金约为三十四万亿三千七百亿日元，与前年度最初预算相比，减少了约六百亿日元。

接下来，我将对主要的支出进行说明。

社会保障相关支出方面，为了实现"一亿人总活跃社会"，我们将改善保育员以及护理人才等的待遇，此外，我们将谋求充实社会保障，如扩大保育适用对象、缩短年金领取资格期间等。另一方面，从构筑可持续发展的社会保障制度的观点出发，我们将切实推进根据社会保障相关改革工程表等进行的医疗、护理制度改革。

文教以及科学振兴费方面，我们将致力于推进实现"一亿人总活跃社会"的措施，如创立给付型奖学金、扩充无息奖学金等。此外，我们也在推进大学改革、教育环境整顿等措施。同时，引导民间投资、重点推进致力于提高日本经济增长实力的研究开发。

地方财政方面，我们通过减少财政支出特别栏金额等方法，重审地方财政支出，与此同时，为了用合理方法确保地方一般财政总额，我们增加了地方交付税交付金等的金额，为地方提供最大限度的支持。

防卫相关支出方面，我们基于中期防卫能力整备计划，探寻所需措施，同时为了减轻冲绳基地负担等，切实推进驻日美军整编工作。

公共事业相关支出方面，我们正在推进应对暴雨、台风灾害等的防灾、减灾对策，引导民间投资，推进提高日本增长实力的行业的重点化、效率化。

经济合作支出方面，我们正重点应对难民政策等全球性问题，ODA方面在确保预算、项目数量的同时，确保必要的金额。

中小企业对策支出方面，除了充实事业承继支援、承包交易对策等措施之外，也希望能在提高生产率、现金流对策等方面做出全方位贡献。

能源对策支出方面，我们将重点放在节能推进支持方面，在推进国内资源的开发以及确保国外资源权益之外，着手解决核能防灾对策等问题。

农林水产相关支出方面，为了实现农林水产业的增长产业化，我们致力于加强出口实力以及充实产业基础设施整顿等。

国家公务员的人力成本支出方面，我们进行的调整工资、综合性改革工资制度、减少人员等工作已经确实反映在了预算中。

东日本大地震的重建支出方面，为了应对不同重建情况导致的问题，平成二十九年度东日本大地震复兴特别会计的总额约为两万亿六千九百亿日元。

平成二十九年度财政投融资计划方面，我们将充分利用目前的超低利率环境，争取实现磁悬浮中央新干线全线提前开通，同时为了实现增长战略和活跃地区经济，通过积极提供长期风险资金等措施，适当应对真正急需资金的需求，总金额约达十五万亿一千三百亿日元。

包含转换债在内的国债发行总额约为一百五十四万亿日元，仍处于极高位，我们将在与市场进行紧密对话的基础上，切实执行国债管理政策。

关于平成二十九年税制改革，为了提高日本经济增长实力，我们将改革一系列措施，如改革免除就业调整后顾之忧的配偶扣除政策，与此同时，从促进经济良好循环的角度，我们正在调整研发税制、收入扩大促进税制等政策。

与此相配合，从恢复酒类间税收负担公平性的观点出发，我们正在进行酒税改革。同时，为了不阻碍日本企业的海外拓展，有效应对国际性避税，我们正在重新修订外国子公司合计税制。

此外，我们也在推进灾害特例的整顿。

（平成二十八年度第三次补充预算的概况）

接下来，我将对平二十八年度第三次补充修正预算的概况进行说明。

在一般会计方面，灾害对策费、国际分担金以及捐款、确保自卫队稳定的运行态势等，追加了总额约六千二百亿日元的财政支出。这部分支出一部分由于既定费用减少约四千二百亿日元，与此同时税外收入预计将增加约一千亿日元，此外，还将发行约一千亿日元的建设公债来应对。

另外，税收方面，考虑到截至最近的收入实际情况，我们预计将会减收约一万亿七千四百亿日元。同时，伴随着地方法人税收减少导致地方交付税本金减少，为了填补这一空缺，会将这部分计入地方交付税交付金。这些不足，将通过发行约一万亿七千五百亿日元的特别国债进行补足。

综上结果，平成二十八年度一般会计第三次补充修正后预算总额，比较一般会计第二次补充修正后预算，财政收入和支出均增加约两千亿日元，达到约一百万亿两千两百亿日元。

> （总结）
>
> 　　以上我针对财政政策等的基本想法以及平成二十九年度预算以及平成二十八年第三次补充预算的概况进行了说明。
>
> 　　为了同时实现"经济重建"和"财政健全化"，夯实增长和分配的良好循环，实现日本经济整体持续性的均衡增长，本预算及相关法案有必要尽早通过，我认为这就是最大的经济对策。
>
> 　　我恳切希望此次审议能迅速达成共识，针对财政政策等问题，能获得全体国民及在野党的各位议员的理解和支持。
>
> 　　资料来源：日本财务省网站。

2. 日本预算报告是由系列文件组成的预算报告体系，而我国预算报告体系相对单薄

　　日本预算报告体系包括年度预算重点、年度预算框架、一般会计收入支出预算、财政状况、分类预算重点、财政部长的财政演说等十余份文件，短至几页，长至上百页。除此以外，日本预算报告体系的特点是，按照 IMF 和 OECD 的预算最优标准编制和公开预算前报告，将需要议会及公众提前了解的信息放在预算前报告中体现，包括《预算概算要求的基本方针》《预算编制的基本方针》《经济预期与经济财政运营的基本态度》《关于一般会计公债发行等》《一般会计财政年度收入支出概算》《国家与地方的长期债务余额》等。这些文件对预算年度的财政收入支出总额、一般会计的公债收入、国家与地方的债务余额、对国家财政的基本考虑和政策方向等做出明确说明，便于国会对预算报告的审议。另外，作为预算参考文件，还需提交《预算及财政投融资计划说明》《税制改革纲要》《租税及印花税收入预算说明》《各省厅所管各项目明细书》《国债及贷款状况》《国有资产余额》《政府出资主要法人的资产、负债和损益》《中期财政试算》等广泛辅助资料。而我国实行部门预算改革后，预算编制越来越科学，报送全国人大的预算材料也在不断调整、细化，预算报告增加了各类图、表、名词解释，预算草案逐步增加了各类重点支出表，预算进一步细化，每个部门的预算都是厚厚一本，但相比日本，仍需要丰富、充实表外信息，例如解释当期债务水平对现行和未来政策操作的影响等。

（三）日本预算报告不包含地方政府的信息，而我国预算报告涵盖地方政府的部分信息

　　日本的预算报告包含中央政府以及社保基金的信息，但不包括地方政府的信

息。所有报告中均不含包括中央政府、地方政府以及社保基金在内的一般政府数据，一般政府的整体数据登载于国民经济技术案年报上，于一年后公布，不阐述上一预算年度的预算执行情况。而我国预算报告全称是《关于2016年中央和地方预算执行情况与2017年中央和地方预算草案的报告》，从内容上来说既包括2016年预算执行情况，也包括2017年预算草案，且报告内容涵盖了中央与地方。

（四）日本预算报告在编审中注重信息公开和与公众的沟通，而我国预算报告在此方面尚有一定差距

在日本，从预算编制到预算报告提交国会审议表决整个过程中，工作进展以及形成的预算文件均披露至财务省网站，并留有相关负责部门的联系方式以供社会各界监督，在日本，会以电视直播的形式公开预算审议的全过程。与其相比，我国部门预算编制和预算报告的明细程度、公开程度和易读易懂方面还有不小的差距。未来有必要进一步健全预算编制部门和人大代表的沟通联系，加强收集、整理代表意见，重视公众关切的热点问题，完善相应的回应与沟通机制，以获得社会各界的理解与支持。

（五）日本预算报告的审议出发点部分源于政治动机，而我国预算报告审议的动机相对单纯

国外预算报告的演变折射了预算管理改革和行政改革的过程。日本的行政体制和我国不同，预算报告的形式也不同。日本政治体制是在明治宪政体制框架上发展而来的，其预算报告的审议和我国不同。日本预算报告的审议不仅是对国家财政收支的审议，还夹杂了在野党对执政党的反对。其出发点不单纯是从国家预算活动考虑，而是部分源于政治动机。而我国实行一党制，预算报告的审议比日本单纯得多，审议的动机单纯就是从国家预算活动考虑。

参考文献：

[1] 樱井敬子. 予算制度の法的考察. 会计检查研究. №28（2003.9）.

[2] 小林麻理. 政府における予算改革の意義と課題——業績予算への道——早稻田商学第434号2013年1月.

[3] 财务省财务总合政策研究所. 我が国の予算・财政システムの透明性－诸外国との比较の观点から－. 2002年9月.

[4] 日本财务省网站.

[5] http://kirashuji.com/s/activity_report/?p=227.

[6] http://www.sangiin.go.jp/japanese/aramashi/keyword/daihyo.html.

（执笔人：景婉博）

分报告 7：韩国政府预算报告分析与借鉴

韩国的政治制度是总统共和制，实行三权分立。立法权属于国会，行政权属于内阁。财政管理职责主要由企划财政部承担，企划财政部负责预算与基金的编制、执行和绩效管理工作。预算草案需提交国会审议。

一、预算报告的框架与内容

（一）预算报告的框架

目前，韩国最新的政府预算是 2016 年 12 月国会审议通过的《2017 年度政府预算》和《2016—2020 年国家财政运用计划》。其中，2017 年度政府预算报告共 289 页，内容主要包括 3 部分：1. 2017 年度预算案总统演讲和预算说明；2. 2017 年度国家生活；3. 2017 年度预算和基金运用计划[①]。

《2016—2020 年国家财政运用计划》共 39 页，主要介绍了国家财政运用计划的意义、基本方向、2016—2020 年中期财政运营目标以及财政健全性提升方案。国家财政运用计划相当于中期财政规划，引入于 1982 年，早期仅作为财政部门预算分配的内部指导，不需报立法部门，不具有法律约束力，2004 年进行改革后，政府需每年向国会提交，约束力有了较大提高。

[①] 韩国财政结构分为预算和基金。其中预算根据预算会计法的规定，分为 1 个一般会计（一般账目）和 18 个特别会计（专项收入账目）。

(二)《2017年度预算案总统演讲和预算说明》的主要内容

《2017年预算案总统演讲和预算说明》共34页,包括2部分内容,分别是"2017年度预算案和基金运用计划提交之际的总统演讲"和"企划财政部部长对2017年度预算案和基金运用计划的说明":

1. 2017年度预算案和基金运用计划提交之际的总统演讲

"2017年度预算案和基金运用计划提交之际的总统演讲"是总统向全体国民和国会议员进行的演讲,主要回顾了过去的成绩,提出了韩国面临的新挑战,并阐述了新的一年的重点任务、财政政策和政府预算情况。文末有时任总统(朴槿惠)的署名。

2. 企划财政部部长对2017年度预算案和基金运用计划的说明

"企划财政部部长对2017年度预算案和基金运用计划的说明"是企划财政部长向韩国预决算特别委员会主席进行的说明。说明中主要谈到三点内容:一是对当前经济状况进行的诊断,包括国内外经济环境;二是介绍2017年的5大投资方向;三是阐述2017年预算要实现的目标与财政支出、管理等方面的改革。文末有副总理兼企划财政部部长(柳一镐)的署名。

(三)《2017年度国家生活》的主要内容

《2017年度国家生活》共184页,包括3部分内容,分别是"2017年国家生活综合情况""财政运营方向"和"分领域的投资计划"。

1. 2017年国家生活综合情况

"2017年国家生活综合情况"包括4部分内容:财政运营状况、收入规模、支出规模、财政收支与政府债务。

财政运营状况中,对世界经济,包括美国和中国等新兴国家经济进行了预测,介绍了韩国的出口、消费现状以及经济展望等;财政收入与支出中,以图表列示加文字分析的形式介绍了2017年财政收入、财政支出的规模和结构、较2016年的变化与增长率;财政赤字与政府债务中,以表格形式列示了2017年赤字率较2016年的变化与增长率,列示了2017年政府债务规模,较2015年、2016年的变化与增长率,还列示了2016—2020年五年期赤字率与政府债务规模。

2. 财政运营方向

"财政运营方向"包括3部分内容:财源分配方向、重点推进的任务、主要领域财源分配情况。

2017年财源分配方向主要有5个：一是扩大青年人就业机会；二是创造未来新的经济增长动力；三是恢复经济活力；四是促进民生稳定；五是营造国民安心的社会。

重点推进的任务将5大财源分配方向进一步细分为14项重点推进的任务。

主要领域财源分配情况以一张表格的形式简单列示12类支出2017年、2016年的规模、2017年较2016年的变化与增长率。

3. 分领域的投资计划

分领域的投资计划详细介绍12类支出的明细及变化，具体包括：（1）保健·福利·劳动；（2）教育；（3）文化·体育·旅游；（4）环境；（5）研发；（6）产业·中小企业·能源；（7）社会保障；（8）农林·水产·食品；（9）国防；（10）外交·统一；（11）公共秩序与安全；（12）一般·地方行政。

以"保健·福利·劳动支出"为例，该类支出又细分为12项，具体包括：（1）基础生活保障；（2）弱势阶层支持；（3）公共养老金；（4）保育·家庭·妇女；（5）老年人·青少年；（6）劳动；（7）退伍军人；（8）住房；（9）一般社会福利；（10）医疗保险；（11）健康保险；（12）食品药品安全。分别介绍了这些支出2017年、2016年的规模、2017年较2016年的增长率。

（四）《2017年度预算和基金运用计划》的主要内容

《2017年度预算和基金运用计划》共64页，包括2部分内容，分别是"2017年度预算"和"2017年度基金运用计划"。

1. 2017年度预算

"2017年度预算"包括6部分内容：预算总则、一般会计、特别会计、递延费、移转费、国库债务负担行为。

预算总则是预算总的指导方针，围绕2017年收入支出预算、递延费、移转费及国库债务负担行为做出原则性规定。

一般会计是政府预算的主体，反映政府机构一般性的财政职能及规模。一般会计收入预算以表格形式列示了收入的种类、规模和结构。同时，列示了按照部门（共54个，见表1）分类的2017年、2016年预算收入规模及2017年较2016年的变化。一般会计支出预算以表格形式列示了支出的种类、规模、结构及2017年较2016年的变化。

表 1　　　　　　　　韩国中央部门预算单位一览表

1. 总统秘书室和国家安全室	16. 国防部
2. 总统安全办公室	17. 行政自治部
3. 国会	18. 文化部
4. 最高法院	19. 农林畜产食品部
5. 宪法法院	20. 产业通商资源部
6. 中央选举委员会	21. 卫生和福利部
7. 全国统一咨询委员会	22. 环境部
8. 审计检察院	23. 劳动部
9. 国家情报局	:
10. 企划财政部	:
11. 教育部	:
12. 未来创造科学部	:
13. 外交部	:
14. 统一部	:
15. 法务部	54. 中小企业厅

注：表中仅列出部门名称。

特别会计是国家依照法律，在经营特定事业和运用特定资金以及用特别税收充当特定支出时设立的收支计划。如交通设施特别会计，依据《交通设施特别会计法》设立，收入来自一般会计转入资金、贷款、交通设施使用费、周边土地开发收入以及国有财产出售收入等，专门用于公路、铁路、机场及港湾的建设与管理运营。特别会计以表格形式列示了2017年、2016年的预算规模及2017年较2016年的变化情况。

递延费是需数年完成的工程、制造或研发项目经费，经国会批准后可分数年支出的预算。支出年限为5年以内，必要时经国会批准可以延期。递延费以表格形式列示了2017年、2016年递延费的总额及2007年至2019年间每个财年对应的延付金额（见表2）。

表 2　　　　　　　　递延费预算格式

		递延费总额	延付金额			
			2007年	2008年	:	2019年
交通设施特别会计（举例）	2016年预算	:	:	:	:	:
	2017年预算	:	:	:	:	:

续表

		递延费总额	延付金额			
			2007 年	2008 年	:	2019 年
地区发展特别会计（举例）	2016 年预算	:	:	:	:	:
	2017 年预算	:	:	:	:	:

移转费是当政府部门职责、环境发生变化或某项预算当年有结余时，在满足特定条件下，经国会审批后可在项与目之间转移的支出（见表3）。

表 3　　　　　　　　　　移转费预算格式

会计名称和所管部门	详细信息	金额		
		2016 年预算	2017 年预算	增加
:	:	:	:	:

国库债务负担行为是法律规定的以及除支出预算、移转费、递延费总额以外由财政负担的支出，原则上支出责任在下一年度以后履行。这部分内容以表格形式列示了国库债务负担行为 2017 年、2016 年的预算规模及变化。

2. 2017 年度基金运用计划

"2017 年度基金运用计划"包括 4 部分内容：基金种类、基金运用规模、基金收入、基金支出。

基金[①]种类现有 4 大类 67 种，4 大类基金分别是社保基金、账户基金（Account Fund）、财政基金、项目基金。基金和预算一样需要通过国会的审批，但基金的执行和调整过程相对预算而言更具灵活性。

基金运用规模用一张表格从总体上介绍了 2017 年基金收入、支出规模、较 2016 年的变化。

基金收入以表格形式列示了各种基金的自身收入、政府间收入、贷款、剩余资金回收管理以及总收入。

基金支出以表格形式列示了各种基金的项目成本、基金运营成本、政府间支出、剩余资金管理以及总支出。

---

① 除了一般会计和特别会计之外，中央政府为事业经营的需要，根据法律设置了特别基金，在预算外进行管理。

二、预算报告的法律依据与编制主体

(一) 政府预算报告的法律依据

韩国预算程序是由《宪法》《预算会计法》和《国会法》所决定的。一般而言,也遵循预算程序的四个阶段,即预算编制、预算审批、预算执行和决算这样四个阶段。预算案必须向国会提出有其法律依据。1961 年《预算会计法》制定时规定,政府经内阁议决的预算案,应在国会定期会议开会前提交给国会议决。1973 年《预算会计法》修正规定,政府预算案需在每个预算年度开始前 90 天提交国会。

(二) 预算报告的编制主体

韩国预算报告的编制主体是财政主管部门,经过多次改革,目前财政主管部门是企划财政部。韩国政府自 1948 年成立以来,其政治体制与政府机构先后经历了大大小小的数十次变化,政府规模持续扩大,韩国的财政主管部门也随着政府机构的变迁经历了复杂的演变。1948 年,在摆脱日本殖民统治赢得独立三年之后,韩国政府成立,并设立了财政部和经济规划委员会。财政部负责制定税收、金融和货币政策,以及管理国有资产和汇率。另一方面,经济规划委员会于 1961 年获得授权,除履行其一般职责(比如管理政府预算和获得外国贷款)外,它还承担起设计"经济发展五年计划"的重任。1994 年,为了以综合的方式有效而协调地履行政府在经济事务方面的职责,经济规划委员会和财政部合并为财政经济部(MOFE)。1998 年,为应对金融危机,财政经济部的职责被拆分并转移到其他部委,以减轻财政经济部决策权过于集中的问题。其预算权移交给了国家预算管理局,金融监管权移交给了金融监督委员会,贸易谈判权移交给了外交通商部。1999 年,规划和预算委员会和国家预算管理局合并为规划预算部(MPB)。2008 年,财政经济部和规划预算部再次合并,成立了企划财政部(MOSF),以便统一履行财政政策职能和开展部际政策协调。另一方面,财政经济部在金融市场方面的金融政策权力被转移到金融服务委员会。现在的国家财政的主要主管部门正是企划财政部。部门首脑称企划财政部长官,同时兼任国务委员。相当于各国的财政部。下属机构:人事课、运营支援课、企划调整室、预算室、税制室、公共政策局、国际金融局、经济政策局、政策调整局、国库局、财政政策局、对外经济局、自由贸易协定国内对策本部。具体职能包括：有效分配资源和评估预算执行的有效性；规划和改革韩国的税收政策和制度；规划并管理财政经费政策、政府物业、政府核算以及国家债务；协调外汇交易和国际金融政策；加强国际合作，促进朝韩经济交流与合作；管理并监督公共机构的运作。

三、政府预算报告的特色与做法

（一）预算报告的时间周期

韩国的预算年度采用的是历年制（即预算年度与日历年度一致），其预算程序的时间表据此展开。每年3月份计划预算部都会向支出各部委下达预算指标确定的基本原则，10月份向国会递交预算草案，且宪法规定了向国会提交预算草案的最后期限是10月2日，国会批准预算草案的时间为12月2日。所以韩国的预算案是在预算年度开始前就下达的，预算年度伊始即按具有法律效力的预算案安排国家的各项事务。其预算程序大致可分为四个阶段：预算编制、审批、执行及结果审查。一个完整的预算流程一般是3年的时间。第一年是预算编制和审批，第二年是预算执行，第三年是预算执行结果审查。

韩国的财政机构随着社会经济政治的发展变化在不断地调整变迁，相应地预算程序也在不断发生微小变化。韩国的预算程序包括政府内部预算编制程序和经过国会议决的预算立法程序两大部分。在政府内部预算编制程序方面（即预算准备阶段），其过程大体上是：由企划财政部依据5年滚动计划的原则指标确定新的财政年度的预算原则，下发给政府各部门，政府各部门根据下发的预算编制原则，提出自己的预算开支计划，包括详细的已有项目规划和新设项目规划，再上交给企划财政部审核和调整，最后交由总理秘书室和总统府批准。其时间安排大体持续1年，而财政预算草案必须在财政年度开始前90天（每年10月最初几天）提交给国会，由此则转入国会议决程序。在国会议决程序方面，整个工作实际上始于政府将上一年度决算案提交国会之时。按照宪法规定，国会对国家决算有审查权，从而监督国家预算的执行情况。政府须在每年9月3日前向国会提交决算，10月3日前提交下一年度的预算案。在国会内部，决算和预算案在印发给所有议员的同时，均须首先交付国会所属的常任委员会进行审议，其中主要是财务委员会和其他与政府机构对口设置的专业委员会;经过预审后的决算和预算报告交给议长,议长在预算案和决算案里附加常任委员会的预备审查报告书,交给预算决算特别委员会审议,审查结束后,决算和预算案经议长交国会全体大会议决。国会的所有审议工作必须在新的财政年度开始前的 30 天内完成。经由国会议决的预算案再由议长送交政府,总统应在 15 天内公布其所收到的、已由国会完成审议的预算法案。总统也有权否决国会通过的议案,但这时应立即向国会提出再议要求。如果在国会送出预算法案后的 15 天之内总统既不公布,也不要求再议,则该法案的法律地位自动生效。此后 5 天内总统再不公布,则由议长公布。

(二)预算报告的形式

一是韩国预算报告包括预算和基金两部分。韩国中央政府的预算管理依据《宪法》《国家财政法》《国会法》及其他有关法律规定进行,财政收支分为预算和基金。中央政府的预算包括 1 个一般会计(一般账户)、18 个特别会计(专门账户)和 64 项基金(见附表 1)。除了一般会计和特别会计之外,中央政府还根据法律设置了可灵活用于特殊目的的 64 支特别基金,独立于预算外运行(见附表 1)。基金和特别会计一样实行专款专用,和预算一样需要通过国会的审批。

二是韩国预算报告包括五项主要内容。包括预算总则、年度收入支出预算、递延费、移转费和国库债务负担行为。年度收入支出预算是核心,预算科目按照职能、性质分为章、款、项。

三是预算报告包含中期预算的内容。韩国政府向国会除了提交单年度的预算报告还需提交五年期的中长期财政运用计划。在部分国家,中期预算只是供国会参考的财政规划并不需要国会批准,但在韩国,需要和年度预算报告一同提交至国会审议。

(三)预算报告的公开程度

韩国预算报告的公开也是有法律依据的,包括《宪法》《预算会计法》和《国会法》等。在国外预算报告的公开程度排名中,韩国预算报告的排名相对靠后。以国际预算合作组织(IBP)做的一项问卷调查显示,韩国预算公开指数(IBO)为 65[①]。指数一共分为五个层次:如果一个国家得分在 81 到 100 分之间

---

① 王聪,邓淑莲. 预算文件公开的国际比较[J]. 中国财政,2017.01.

的话,说明该国政府"为人民提供了很多的信息";如果得分在 61 到 80 分之间,说明该国政府"向人民提供了较多的信息";如果得分在 41 到 60 分之间,说明该国政府"向人民提供了一些信息";如果得分在 21 到 40 分之间,说明该国政府"向人民提供了最低限度的信息";如果得分在 20 分以下的话,说明该国政府"向人民提供很少或根本没有提供信息"。韩国预算公开的文件虽然不少,但相关信息的丰富、完善程度不是很高。从页数来讲,比起美国、日本等数千页的预算文件,韩国的预算报告篇幅不算长。但从可读性来讲,韩国的预算报告公开的形式比较接地气,在政府网站上以视频的形式形象展现了预算的概貌。在主要预算文件上留有相关负责人的联系方式,如果公众需要进一步了解信息,可以电话或邮件咨询。

(四) 预算报告和政府其他相关报告 (如规划) 的关系

韩国和我国一样,每年都会由总统做政府工作报告。近几年韩国政府工作报告中主要阐述世界、民生、朝鲜、经济、贸易、危机等问题。预算报告中会对总统政府工作报告中提到的重点任务、领域进行相应的支出安排,总统的施政方针。

(五) 预算报告的审议

韩国议会称为国民大会,由国民大会审议预算报告。每年 10 月 2 日,包括预算报告在内的政府预算案提交给国民大会后,预算审批程序正式启动。国民大会在接到总统的预算通知后,开始组成一个包括 50 名国民大会议员的预算决算特别委员会。先由各常设委员会根据其权限,审议各部门的预算建议书,并将其意见转达给预算决算特别委员会。接着需要总统在国民大会全体会议上作政策演讲 (通常由副总理代替),此后开始预算决算特别委员会的政策质询。这种质询会首先由企划财政部部长介绍预算议案,接着听取国民大会中预算专家的评估报告,再接着就是总的政策质询会议,由委员们向政府预算部门长官提问,而提问不限于预算问题,可能涉及政府的其他政策问题,也可集中在每个政府部门预算要求的一些特殊的细节问题。此后,即开始对政府预算议案进行调整。这是由调整分委员会来完成的,这一分委员会由预算决算特别委员会中的 10 名成员所组成。他们先对所有程序问题进行评估后进行调整,调整后的预算议案提交给特别委员会批准。通过调整分委员会和预算决算特别委员会调整的结果,通常都是为了减轻纳税人的负担而削减政府预算;且往往是那些不太具有优先性的项目的预算被削减,其削减部分用来资助其他的项目,包括那些在提交了预算议案后政府重新引荐的项目,以及国民大会特别偏爱的项目。在预算决算特别委员会政策质询会举行的同时,其他各常设委员会可以在其权限内审议政府预算议案的其他部分,并就他们的发现向特别委员会报告。委员们可以决定对议案的必要调整,并建议某些领域预算的增加或者减少。由特别委员会、各常设委员会调整修改后的预算议案需提交国民大会全体大会投票表决后才能成为正式的国家预算。

四、对我国的启示与借鉴

韩国建国历史不长,预算公开存在不少问题,但也积累了一些经验。韩国预算报告的框架、内容等与我国存在较大差异。由于是比较新的国家,其预算管理充分借助现代化、信息化手段,和经济一样短期完成了历史性飞跃。分析其预算报告可为改进我国预算报告的写法以及完善我国预算管理提供一定的启示。

(一)是韩国政府预算报告受危机驱动影响逐渐走向透明

韩国历史比较短暂,于1948年8月15日正式建国,其预算公开和透明的历史也不长。但国际预算促进会(IBP)的公开预算调查显示,2010年韩国预算透明度指数排名全球第10位,2012年更跃居全球第8位。短短几十年,韩国已成为亚洲地区预算透明程度最高的国家之一。在20世纪六十年代至八十年代,韩国政治的特点是官僚政治和威权政治,预算当时对公众而言,不是公开和透明的。仅限于少部分政客和政府官僚可以获得和讨论预算信息,提交给国民大会的预算报告信息也非常不充分。但随着1997年亚洲金融危机爆发,以此为契机,韩国预算公开开始起步,并在1998年至2007年间逐渐加快步伐,2008年世界金融危机的爆发再次促使韩国政府反思其治理状态和水平,2008年后,预算公开步伐进一步加速,预算报告的信息越来越丰富,形式也越来越多样。通过韩国实践,可以得出一个结论,每一次的经济危机事件都将促进预算及预算报告公开、透明化加快。虽然目前世界经济正处于复苏通道中,但国际组织及各国对财政风险的关注度空前提高,在这种情况下,作为防范财政风险的一个措施,我国应借鉴韩国经验,加快政府预算报告的公开、透明,并以此来倒逼政府预算管理改革。

(二)是法律保障有效推动了韩国政府预算报告信息的透明

为建立公正、透明和可信任的政府,韩国政府先后出台《公共机关信息公开法》(1996)《公共机关信息公开法施行令》(1997)《公共机关信息公开法施行规定》(1997)《国家财政法案》(2006) 等相关法律法规，推动信息公开，保障公民获取预算信息的权利。尤其是《国家财政法案》(2006) 的出台，规定预算编制、执行、报告等相关文件均须向公众开放，极大促进了预算公开。我国虽然颁布了《政府信息公开条例》《预算法》《审计法》《预算监督条例》等相关法律法规，但对预算报告公开和需披露的具体信息缺乏详细说明。2018年3月，我国出台了《关于人大预算审查监督重点向支出预算和政策拓展的指导意见》，也反映出政府试图从加强和改进预算审查的内容、方式入手解决目前预算管理中存在的突出问题。随着人大预算审查监督职能的加强，政府预算报告的写法和内容必须有所改革。

（三）是政府信息化建设对韩国政府预算报告的公开透明有重要影响

韩国政府注重信息化建设，设立了首席信息官等制度推动电子政府建设。政府通过相关网站①向公众公开财政信息，使公众可便捷获取中央政府的预算、审计报告等信息以及地方政府的财政信息。为规范政府行为，增加预算编制和预算执行的透明度，我国政府从20世纪90年代末就提出了建立电子政府的要求，各级财政部门也一直在致力于财政管理信息系统的建设，但目前还没有做到完全共享数据。完善预算管理必须依赖信息化手段，充分发挥互联网公开预算信息的作用，建议借鉴韩国经验，对政府预算信息进行分类，公开并允许下载相关预算文件。

参考文献：

［1］2017年韩国政府预算概要．韩国企划财政部网站。

［2］2017年韩国预算报道资料．韩国企划财政部网站。

［3］韩国2016—2020年国家财政运营计划．韩国企划财政部网站。

［4］2017年韩国预算和基金运用计划概要．韩国企划财政部网站。

［5］韩国国家财政法。

［6］韩国宪法［EB/OL］．www.oefre.unibe.ch/law/icl/ks0000 -.html, 2004 - 09 - 16.

（执笔人：景婉博）

---

① http://www.digitalbrain.go.kr、http://lofin.mopas.go.kr 等。

分报告 8：香港特区政府预算报告分析与借鉴

预算是公共财政的基石。预算管理制度是现代国家治理的基本制度与法治国家的基本要求。预算编制科学完整、预算执行规范有效、预算监督公开透明，是现代预算制度的核心内容。预算编制的结果必须形成一个以数量和文字说明相结合的文本文件，这就是预算报告，政府预算报告是政府预算管理制度的直观表现方式，是反映政府政治经济决策的"一面镜子"，同时也是立法机关对政府管理行为的审查标准，是公众监督政府的工具，可以说，政府预算报告是政府最重要的政策文件。它通过对政府管理活动的核心——财政收支活动进行总结和展望，能够折射和反映出政府部门所从事的所有公共管理活动。

随着我国预算管理体系的逐步完善，我国的政府预算报告编写取得了一定的进步。但相较于现代财政制度的要求，尚需进一步的改进。香港特区政府在预算报告的编写、预算编制流程、与立法部门和公众的沟通机制等方面有着许多先进的经验。本文将对其具体做法进行分析和归纳，为我国内地提供一些参考借鉴。

一、香港特区政府预算案的概况

政府预算报告在不同的国家有不同的叫法，在香港特区，政府预算报告被称为"政府预算案"。根据《中华人民共和国香港特别行政区基本法》第 106 条规定：香港特别行政区保持财政独立[1]。由于香港特区经历过"港英政府"这一特殊历史阶段，其政府预算管理既有英国的影响，有其自身的特点。与英美等国家

---

[1] 《中华人民共和国香港特别行政区基本法》，http://www.gov.cn/test/2005-07/29/content_18298.htm，1990 年 4 月 4 日。

一样,香港特区的政府预算案在经过立法机构审批之前叫作草案,在递交立法机构并审议通过时候就成为了正式的预算法案。本文中的预算案都指的是预算草案。

香港特区的政府预算案采用"自下而上"的编制理念,在预算编制的过程中主动接受大众的质询和意见,尽最大的可能满足公众的意愿,使预算的编制更加合理,使将来预算执行产生的社会效益达到最大化。

香港特区的财政年度从每年的4月1日开始,截止到第二年的3月31日。其预算审批流程与英美等国相似,需要经过"一读"、"二读"和"三读"。"一读"时,财政司司长要对政府编制预算时的各种考虑进行概括性说明,立法会的议员们针对预算草案发表各自的看法。在预算草案初步形成后,财政司司长在立法会发表预算案演讲,即"二读"。每年的2月份,香港特区财政司司长会在香港特区立法会(特区最高立法机构)宣读公布下一年度的预算案,并对预算案进行说明,然后提交立法会表决。立法会要针对预算案提出修改意见。"二读"后,社会公众也可以对预算案提出自己的意见。通常,财政司司长会提前数周提交财政预算案,让各位议员在休会前,有充分时间考虑有关建议和进行辩论。之后,库务局(全称香港特区财经事务及库务局,职责相当于内地省一级财政厅)为主的行政部门对预算案进行修改,并进行"三读","三读"后,立法会需要对预算案进行表决通过,并成为正式的法案。

二、香港特区政府预算案的框架和内容

香港特区财政司司长每年2月份的演说词会以打印版本的形式发放给公众和媒体,同时还会有一份"摘要版"的预算案(Median Sheet)供公众选择阅读。而整个预算案则可以在香港特区政府的官方网站上找到。通常情况下,香港特区政府的预算案有上千页,财政司司长演说词省去了部门预算的详细内容,一般有一百多页,"摘要版"的预算案只有二三十页。这些都向社会公开,并可以在香港特区政府网站上下载。

(一) 2017—2018财年财政司司长演说词

以2017—2018财年的财政司司长演说词为例,其全名叫作《二零一七至一八财政年度政府财政预算案》,共有112页,正文部分共58页,主要包括十一大

部分，分别是：引言、2016年经济表现、2017年经济展望、公共财政的目标与方向、2016/2017年度修订预算、巩固与提升支柱产业、多元发展、创造容量、公共财政、中期财政预测、结语。剩下的54页是补编和附录。演说词的正文部分没有表格，而补编和附录部分基本都是表格和数据。①

在引言部分，财政司司长表达了自己的任职感言，并对整个预算案中的要点进行了提炼和概括。

2016年经济表现主要总结了2016财年受国内外经济形势的影响，香港的经济增长情况、投资和消费情况以及失业率的变化情况。

2017年经济展望中，对美国、欧洲、日本、新兴国家等全球主要经济体的政治和经济形势进行了分析，对香港本地的对一些经济指标进行预测和分析，并提出了应对风险和提振经济的一些宏观政策措施。

香港特区公共财政的三大目标分别是：发展经济、改善民生；投资未来、宜居宜业；公平公正、共享成果。针对这三大目标，财政司司长提出了香港政府稳重求进的公共财政政策方向，并针对已经了解到的社会上的一些意见做出了回应，包括以下几个方面：年度盈余、财政储备、衡工量值和用者自付、税收政策。

2016/2017年度修订预算则对2016/2017年度的实际财政收支与原预算相左的情况进行了解释和说明，主要包括财政收入情况、财政支出情况和财政盈余情况。

巩固及提升支柱产业部分对香港特区的优势产业进行了分析，并提出了进一步改进的措施。优势产业包括：贸易与物流、金融服务、旅游业、工商及专业服务。

多元发展部分主要阐述了香港政府在强化支柱产业的同时，对新兴行业的支持政策。主要包括：创新及科技、创意产业、文化艺术。

创造容量部分指出了香港特区政府在人力资源和土地资源领域的改革措施。

公共财政这一部分主要是2017/2018年度财政预算，对新一财年的财政收支计划进行说明，包括财政支出计划、财政收入计划、公务员编制情况、财政盈余状况。其中财政支出既包括经营开支，也包括非经营开支。

中期财政预测主要是指包括下一年度在内的未来五年的香港特区财政和经济走向和预测。包括对经济增长的预测、财政收支的预测、财政盈余的预测。

---

① 二零一七至二零一八财政年度政府财政预算案，香港特区政府官网，2017年2月22日。

补编就是对预算案有关情况的补充说明,包括以详细的资料和计算说明相关政策对经济发展的影响,以及对相关指标的解释等。

附录部分包括详细的中期预测、各政策组别之间的资源分配和财政收支情况以及相关词汇。

(二) 2017—2018 财年香港特区政府预算案

香港特区政府实行复式预算制度。其 2017—2017 财年的预算案全称为《截至二零一八年三月三十一日为止的财政年度预算》。香港特区的政府预算分为两卷,分别是一般收支账目(卷一)和基金账目(卷二)两大部分。其中,一般收支账目(卷一)主要处理政府各部门的日常收支,其结余则收回构成财政储备。基金账目(卷二)列出了 9 个根据香港特区《公共财政条例》为特定目的而成立的基金的预算收支情况。①

1. 政府一般收支账目。这一部分主要包括四大内容,一是预算案的简介和综合摘要,以表格的形式概括介绍了一般收支账目和基金账目的总收支情况,二是政府一般收支账目的收支分析,三是所有开支总目的开支分析,包括管制人员报告、按分目列出的开支详情和承担额,四是总目收入分析。

香港特区政府预算案中的开支总目合计有 84 个,每个总目通常代表政府辖下的一个局、局下的一个科或者部门。每一个开支总目均附有一份由部门负责的管制人员提交的报告,报告说明建议投放资源的纲领及谋求达到的成绩。管制人员尽可能地以单位成本或者生产力指标来衡量这些成绩是否能够达到预期效果,以及取得这些成绩的成本效益。

收入总目一共有 11 个,分别为:应课税品税项;一般差饷;内部税收;车辆税;罚款、没收及罚金;专利税及特权税;物业及投资;贷款、偿款、供款及其他收入;公用事业;各项收费。

2. 基金账目。基金账目的 9 个基金分别是:基本工程储备基金、资本投资基金、公务员退休金储备基金、赈灾基金、创新及科技基金、土地基金、贷款基金、奖券基金和债券基金。基金账目提供了 9 个基金的法律背景、成立目的和收支详情。

---

① 截至二零一八年三月三十一日为止的财政年度预算,香港特区政府网站,2017 年 2 月 22 日。

(三) 2017—2018 财年香港特区政府"摘要版"预算案

"摘要版"预算案较正式的预算案内容进行了精简,删去了大量的专业性较强的表格和繁冗的数据,保留了群众和媒体比较关心的内容,报告篇幅也随之少了很多,2017—2018 财年的"摘要版"预算案仅有 28 页,内容包括七大部分,分别是:目标、预算总览、政府经常性支出、基本工程开支、2017—2018 财年财政预算的主要支出及收入建议、中期预算以及附件。

2017—2018 财年的公共财政共有三大目标,分别是:发展经济、改善民生;投资未来、宜居宜业;公平公正、共享成果。

预算总览这一部分首先通过一个表格对 2016—2017 财年和 2017—2018 财年的财政收支进行了罗列和比较,这个表格的名字就叫作"主要数字"。财政支出又分为了经营性支出和非经营性支出。接着对 2017—2018 财年的政府支出与五年前的 2012—2013 财年和十年前的 1997—1998 财年进行了对比。对比的内容主要为经常性支出(教育、医疗、社保)、总财政支出和总财政收入。

表 1　　　　　　　　　　主要数字①

	2016—2017 财年修订预算(亿元)	2017—2018 财年预算(亿元)	增加/减少(%)
经营性支出	3541	3842	8.5
其中政府经常性支出	3453	3710	7.4
非经营性支出	1126	1072	-4.8
其中基本工程支出	862	868	0.7
政府支出	4667	4914	5.3
政府收入	5595	5077	-9.3
综合盈余	928	163	-82.5

资料来源:2017—2018 财年香港特区政府"摘要版"预算案。

政府经常性支出对 2016—2017 财年和 2017—2018 财年的政府经常性支出进行了比较,并对支出增加的原因进行了解释说明。接着对 2017—2018 财年的政府支出与五年前的 2012—2013 财年和十年前的 1997—1998 财年进行了比较。由于教育、社保和医疗卫生三大领域占了政府经常性支出的六成,所以报告中专门

---

① 在"摘要版"预算案中,这个表格的表头就叫做"主要数字"。

将这三个领域的经常性支出增长情况进行了列表说明，既包括一年来的增长情况，也包括五年来的增长情况。

基本工程开支部分主要对政府未来一年基础设施建设领域的投资情况进行说明，主要包括医疗、房屋和土地供应情况、体育文娱和地区设施建设、教育以及环保领域。

2017—2018 财年财政预算的主要支出及收入建议是该预算案中的主要部分，占了大部分的篇幅。报告中列出了未来一年政府要开展的新项目，每个项目增加的财政支出额度，以及该项目的受益人群。2017—2018 年度财政预算的主要支出及收入建议主要分为两大部分，第一部分是施政报告主要新措施。每年的 1 月份，香港特区行政长官会在立法会发表最新一个财年的《施政报告》，例如 2017 年 1 月 18 日，香港特区行政长官梁振英在立法会发表了题为"用好机遇、发展经济、改善民生"的施政报告。而库务局提交的预算案需要与《施政报告》中的施政要领和改革方案互相配合。因此，预算案中会对《施政报告》的新措施进行总结和列举，并对其需要用到财政拨款的情况进行说明。这一部分又分为经常性措施、非经常性措施和非经营项目。第二部分是财政预算建议，分为税务及短期纾缓措施和其他预算措施两类。税务及短期纾缓措施主要是指香港特区政府最新的税制改革措施和税收减免措施，包括税率的变化、免税政策的变化带来的财政收支的变化以及低保的补贴支出额度等。

中期预算包含了未来五年（2017—2018 至 2021—2022 财年）的财政盈余（赤字）情况的预测，内容比较简单，只细化到经营性盈余（赤字）和非经营性盈余（赤字），以及财政储备情况。

附件部分主要是教育、社会保障、医疗卫生三大领域在未来一个财政年度的财政收支情况和政策改革措施。采用的分项目说明的方式，列举了每个项目需要的财政支出额度。

三、政府预算案的编制流程及与立法机构和公众的沟通机制

香港特区政府财政预算案由香港特别行政区政府库务局制定，在每年 4 月 1 日政府财政年度开始前，由财政司司长在香港特区立法会宣读并付诸表决；通过后再由行政长官签署、送交中华人民共和国中央人民政府备案。

香港特区财政收支的民主决策程序是按照反映民意和充分体现民意的代议制方式设置的，政府的财政收支方案必须体现公开、透明、详实、具体化的要求，并依照法定程序进行审批。

政府预算从着手编制到立法会三读通过、付诸执行、年终审计需要24个月，大体可分为5个阶段。

一是预算编制准备和总体资源分配阶段（4月—8月）。5月，库务局发出通告，请各局就第二年财政资源的分配工作提出建议；6月，召开由政务司司长、财政司司长、库务局局长、公务员事务局局长等参加的政府高层资源会议，并就开支项目的优先顺序咨询立法会的意见，考虑列入施政报告的初步建议；7月，各局准备正式的资源申请，经库务局审议后提交政府高层资源会议；8月，政府高层资源会议就给予各局的资金限额做出正式决定。

二是正式编制预算案阶段（9月—12月）。9月，库务局发出有关预算编制的通告，收集各部门的预算资料；10月，库务局就各项收入措施咨询立法会的意见，并于次年2月决定所需实行的收入措施；11月，各部门在给定的资金限额内编制预算计划；12月，库务局审定并汇总预算草案。通常情况下，在提交预算案前的3到4个月，财政司司长带领着库务局就要开始就预算案的编制展开咨询。

三是审核通过预算案阶段（次年1月—3月）。库务局将预算草案提交给财政司司长，经政府高层会议确定后提交立法会，同时，在预算案制定出来之后还要发放给广大市民征求意见。之后，立法会财务委员会（负责审核政府预算的常设委员会）将会召开为期5天的特别会议，除了就涉及各部门的政府预算提供书面答复外，行政部门的官员还要当面回答议员质询。最终，预算案得到审议通过，成为各方面、各部门必须严格执行的法律。

在制定预算案中，香港特区政府财政司司长会走访商场，切身感受经济调整对小商户及民生的影响；对各项电话访问和民意调查的结果十分留意，希望从中进一步听取市民的心声；也会详细阅读了个别市民的来函，分享他们的个人经验，了解他们对香港特区经济情况的看法。

四是实施预算案阶段（4月初到第二年的3月底）。各部门严格按预算实施，提出具体资金拨付计划，由库务局进行具体的资金拨付，具体按照集中支付的方式直接拨付给商品供应商或劳务提供者，并登记管理部门账目。

五是预算执行结果审计阶段（第二年的4月—5月），由审计署组织人员审计政府账目，并向立法会报告审计情况，对发现问题责成部门纠正或处分。

四、香港特区政府预算案的公开程度

在香港特区,立法会与行政长官、法庭分享着政治权力,选民和立法会对本地财政事务的影响是很强的。香港特区预算案编制的核心理念是"衡工量值"(value for money),类似于大陆所说的行政效率和绩效。香港特区政府认为,只有让更多的民众参与预算编制,才能真正地实现物有所值。

(一)透明度

在预算案发布当天,香港特区市民可以到指定地点领取印刷版本,即便市民不主动去拿,政府公务人员和一些社团也会主动在街头给市民派发;预算案的电子版可以到香港特区政府的官方网上查阅。电子版相比较派发的"演说词版"和"摘要版"内容更加详尽,各部门的职责列的非常具体,并有量化指标,许多工作都详尽到明白陈述需要多少个人工小时来完成;财政司司长会通过演讲的形式向立法会提交预算,这个讲演是电视媒体全程直播的。香港特区的政府预算真正实现了"预算走向人",可见其预算信息可得性之高。每年2月,预算案发布后,财政司司长还要不停地奔波于各大媒体、电台、电视台参加"财政司司长热线"等公众舆论平台,现身各类论坛和会场等公共场所,举办记者招待会,回应公众、媒体、学界等关于财政预算的问题,详细解答关于预算案的方方面面。

(二)可读性

政府预算要想接受社会公众的监督,首先要让公众看懂。预算可读性的基本要求就是通俗易懂。预算信息面向的是为政府筹集财政收入的纳税人,他们大多数人并不是能看懂专业预算案的专业人士,预算案的通俗易懂是公众行使对政府预算知情权、参与权、表达权和监督权的重要保证。香港特区政府财政预算案除有文字表述外,在文字、数据中还配有大量的插图、表格,信息清晰明确,便于理解,有利于对比分析。在香港特区政府的官网上,在公开刊登当年财政预算案的同时,又以当年财政预算案的重点为题,提纲挈领并配有大量的漫画和插图予以形象化说明。

2009年,香港特区政府曾邀请专业漫画作家作了一部名字叫作《明日,今天的未来》的漫画,目的是吸引广大青少年关注本年度的政府预算案。漫画以故事的形式,向市民阐释每年的财政预算。通过将政府预算与家庭开支预算进行比较,一方面提醒了香港特区百姓学会量入为出,尤其是在金融危机时期,另一方面又将本年度特区政府的预算理念有效地传达给了广大百姓。这种形式的预算案宣传起到了很好的效果。在财政预算案宣读当天,财政司司长办公室收到了6750份有关预算案的建议书,与2008年相比整整多出6倍。[①] 预算案的宣传渠道也是非常多元化,香港特区政府曾在社交网站脸书上推出"假如我是财爷"的游戏及邀请香港特区有影响力的娱乐明星演唱《数字歌》、拍摄宣传片等一系列的宣传渠道。

(三) 细化程度

香港特区政府及各部门的财政预算是毫无保留地向公众展示,并接受公众查询和质询的。其在网上公开的部门预算的支出情况多达数百页,细化到"一张公务用纸""一张桌椅维修"。政府部门预算公开既满足了群众的知情权,同时也通过预算公开,为公众监督政府行为创造了条件。此外,香港特区政府的部门预算采取了标准的绩效预算的形式,一项预算项目都细化到了具体人工和资金数量,并设置了多项绩效指标,因此公众能够很容易地从绩效角度判断预算内容的投资收益。

而且每个部门预算的第一部分都是管制人员报告,也就是部门负责人的报告,每个项目都对应着具体的问责官员。因此在提交部门预算时,各部门都必须万分谨慎,否则其部门首长就将面临着被公众质疑的尴尬处境。

五、对我国内地政府的启示与借鉴

近年来,随着新《预算法》的实施,我国政府预算报告的内容不断丰富,报告编写水平也不断提高。但仍有一些问题不可忽视。相比之下,香港特区政府预算案则更为规范和完善。我们可以从中找到一些好的经验来进行学习和借鉴。

[①] 港"财爷":我是"将自己绑在船桅上的船长"——香港政府怎样做预算,http://www.infzm.com/content/42449,2010.03.16.

（一）在国家治理的框架下重新定位政府预算报告

财政是国家治理的基础和重要支柱。政府预算的全面规范，既是现代财政制度的基本特征，也是现代国家治理的题中之意。政府预算报告的编制，不能仅仅停留在财政部这个部门的层面进行编制，而应该与国家治理和国家整个宏观经济运行密切联系。在香港特区，预算案的编制与其每年初发布的政府施政纲领关系密切。财政司司长在做预算案演讲时，也会阐述该预算案与政府施政纲领之间的呼应关系。读者从政府预算案中可以清晰地看到政府完成施政纲领的宏观经济措施和政策可行性。其实不只是香港特区，许多西方国家的政府预算报告中都会有对宏观经济的相关规划。相比之下，我国中央政府和其他各级地方政府的预算报告可以说只是一份财政收支账目表，与国家经济规划和建设的联系甚小，这不利于我国财政作为国家治理的基础和重要支柱的作用的发挥。因此，需要继续加强对政府预算报告的重视程度，政府预算报告的编写应与国家治理的大框架密不可分。

（二）充实完善政府预算报告的内容

香港特区的政府预算案内容丰富，不仅包括财政收支明细，还包括政府的治理目标、对当下经济发展的总结、未来财政年度的经济发展规划、财政政策改革建议和包括未来五年在内的中期财政规划。这使得政府的财政政策的制定和实施更具有可持续性，减少了公共风险的几率。

香港特区的政府预算严格遵照绩效预算的做法，每个部门支出项下都有多项绩效指标，目标清晰，指标细化程度高，资金使用的预期效果一目了然。此外，对于一些增加的项目支出，预算案中还逐项列出了这笔支出的受益者和受益者数量，让公众对这笔钱是否"物有所值"也有一个直观的判断。这些都是我们内地预算报告所欠缺的，也是我们可以学习借鉴的方面。

（三）加强与立法机构和公众的沟通

香港特区的预算编制的每个环节，我们都能看到立法机构和公众的参与其中。预算编制的每一步的进行，都需要征求和吸纳立法机构和公众的意见建议。而在内地，全国人大和社会公众在预算编制中的参与程度还远远不够。从参与预算编制的政府公务员的角度来看，他们通常仅在行政部门内部进行预算的编制和讨论，与立法机构和社会公众沟通交流的机制尚不完善。从立法机构的角度来看，其与行政部门在预算报告形成之前沟通欠缺，立法机构的意见没有顺畅的渠道反馈到行政部门，只有在预算报告提交人大之后，人大才会对预算报告发表意见。从社会公众的角度来看，他们还没有合理的方式和机制参与到预算的编制环节中来，仅仅把预算报告当作是政府收支活动的一个财务报表。虽然最近几年社会公众对政府预算的关注程度逐年升高，但如果社会公众对预算的编制有什么意见，也没有适合的渠道进行意见的反馈，使行政部门的预算编制缺少了民众基础。此外，由于内地预算编制透明度和公开程度的不足，也阻碍了社会公众参与预算的编制流程。事实上，一本科学合理的预算报告的编制成功，紧紧靠着各支出部门"闭门造车"是万万不行的。财政资金，理应取之于民，用之于民。只有面对面的了解社会公众的需求和呼声，才能保证国家财政资金的使用效率和施政目标的顺利实现。

（四）增加政府预算报告的透明度和公开程度

香港特区的预算案的所有内容都是向社会公开的，公开程度非常细致，每一项预算项目都细化到了具体人工和资金数量，让社会公众可以知道每一块钱的具体用处，公众能够很容易地从绩效角度判断预算内容的投资收益。

而且，预算报告由于出自财政专业工作人员之手，内容本身具有一定的专业性，并不适合普通百姓的阅读。我们可以借鉴香港特区制作"摘要版"预算案小册子的做法，在公开场合进行发放，保证社会公众都能及时了解预算报告。此外，专业版的预算报告会有很多的数据和表格，阅读起来会很不方便，我们也可以借鉴香港特区政府的做法，对专业版本的预算报告进行处理，多用通俗易懂的语言和图片，制作一份适合百姓阅读的通俗易懂的预算报告。

主要参考文献：

［1］陈长英. 试析2012年香港财政预算报告的特点［J］. 青海师范大学民族师范学院学报，2013（1）：31－33.

［2］二零一七至二零一八财政年度政府财政预算案，香港特区政府官网，2017年2月22日。

［3］河北省财政集中支付考察团，齐守印，张振川，曹春芳. 香港的公共财政管理及借鉴［J］. 四川财政，2002，（02）：44－46.［2017－08－17］.

［4］截至二零一八年三月三十一日为止的财政年度预算，香港特区政府网站，2017年2月22日。

［5］林宣. 香港财政预算概况［J］. 预算管理与会计，1997（5）：18-22.

［6］刘华. 从香港特别行政区预算报告看大陆的预算公开现状及目标［J］. 经营管理者，2015（29）.

［7］林志成，袁星侯. 从香港预算管理看内地预算改革［J］. 中国财政，2002（6）：26-27.

［8］王绍光. 建立一个能够确保长治久安的公共财政制度［J］. 领导文萃，2005（12）：24-27.

（执笔人：于雯杰）

分报告9：我国政府预算报告的调查与分析

近年来，特别是2014年新《预算法》实施以来，我国政府预算报告的内容不断丰富，编写水平也在不断提高，但仍存在一些亟待解决的突出问题，改进我国政府预算报告的写法，既是实现国家治理体系与治理能力现代化的重要途径，也是推进我国建立现代预算制度、加快建立现代财政制度的客观选择。为此，我们赴全国人大预工委及广东、河南等省进行实地调研，结合梳理相关专家学者的观点、人大代表和社会公众的诉求，总结当前我国政府预算报告存在的主要问题，提出改进政府预算报告的思路和建议。

一、政府预算报告的概念与定位

（一）概念

政府预算报告，狭义的理解是财政部长（厅局长）提交给人代会的预算执行情况和下一年度预算草案的报告，以及部门预算草案及附表。广义的理解还包括财政部门向立法机构提交的预算执行情况报告、预算决算报告以及绩效管理报告等内容。本文研究的政府预算报告是狭义的概念。

具体讲，政府预算报告是财政部门代表政府向人代会所做的预算执行情况和下一年度预算草案的报告；预算草案及附表是部门预算的详细安排和计划。按照相关法律规定，政府预算报告需要向社会公开。预算公开是政府在限定期限内公开预算环节涉及到的全部信息，或者是公民申请希望了解的信息，这些信息必须是真实的、完整的，而且这些信息的内容和公开的过程都应该符合法律法规的规定。

(二) 定位

第一,政府预算报告既要支撑政府工作报告,又要与国民经济和社会发展计划报告各有侧重。一方面,政府预算报告是政府工作报告的重要支撑,报告内容要体现贯彻落实党中央、国务院的重大决策。另一方面,政府预算报告与国民经济和社会发展计划报告同时作为政府工作报告的支撑,需要协调报告内容,既不应重叠,又不能遗漏。

第二,政府预算报告是预算草案的概括性说明,预算草案是政府预算报告的完整数据体现。各级人大对"预算草案"和"预算报告"进行审查,但批准的对象只是"预算草案"。

第三,政府预算报告不同于财政工作报告。政府预算报告的对象是人大代表,每年向人大提交,为了使人大代表听清楚,看明白,尤其是要让大部分不是财政经济专业的代表能看懂,在表达方式上不能使用过多的专业术语,尽量通俗易懂。财政工作报告的报告对象是本系统内部,政府预算报告不需要报告与预算无关的一些部门工作。

第四,政府预算报告必须体现新修订《预算法》的要求。2014年修订的《预算法》明确了人大对预算草案的审查重点、细化程度以及需要编制的具体内容,政府预算报告在编写时虽然不用面面俱到,但对于重点要充分体现。

第五,政府预算报告具有重要的社会传播作用。中国现在是世界第二大经济体,国际社会都在关注中国,每年"两会"期间约有一半的记者来自境外媒体,政府预算报告已成为世界了解中国的重要窗口。

第六,政府预算报告需要全面规范透明。预算公开是现代财政制度的基本特征,全面规范、公开透明的财政制度,不仅能保证财政资金安全、提高资金使用,在提升政府公信力、推进"制度反腐"方面,也具有不可替代的作用。所有使用财政资金的部门,除涉密信息外,都要公开透明。预算报告要经得起人民的质询,对预决算公开过程中社会关切的问题,要全面反映和有效整改。

二、关于政府预算报告的观点综述

（一）关于政府预算报告的认识

马蔡琛（2002）认为，政府预算草案本质上是尚未批准的预决算报告，依法定程序经同级人民代表大会或人大常委会批准后，即具有法律效力，不得随意更改。① 宗禾（2015）提出，政府预算报告是对政府预算的概括、提炼和说明。② 王玉萍（2011）认为，政府预算报告是对财政收支活动的总结与展望，它可以折射、反映政府部门所从事的所有公共管理活动，是公民权在公共部门中的集中体现，是为市场经济立宪的重要内容之一。③

苏明（2012）等提出，预算公开是公共财政的本质要求，是政务公开的重要内容。推进预算公开，有利于保障公民的知情权、参与权和监督权，加强对财政资金的社会监督；有利于促进党政机关厉行节约，推进反腐倡廉建设；有利于提高依法行政、依法理财水平，推进中国财政法制化进程。④ 宗禾（2015）从反映政府信息的角度分析了政府预算报告的内涵，即反映政府可获得的资源，通过编制预算，事先预测一年内能够筹集到多少收入，并根据财力多少和履职需要确定支出；反映政府活动的范围和方向；反映政府活动的目的和效果，预算反映政府将要干哪些事、预期的目标是什么，决算反映政府干了哪些事，是不是实现了预期目标，达到了人民群众的要求和期望；反映财政经济运行的可持续性，比如财政赤字是否控制在合理的水平内，政府债务规模是否适当、结构是否合理，是否有还款计划保证。⑤

（二）关于政府预算报告的内容

童伟（2014）认为，预算报告不必面面俱到，而应切中几个要害即可，具

---

① 马蔡琛. 如何解读政府预算报告［M］. 北京：中国财政经济出版社，2002.
② 宗禾. 解码政府预算报告2015［N］. 中国财经报，2015-03-07.
③ 王玉萍. 对提高政府预算报告可理解性的思考［J］. 西部财会，2011（08）.
④ 苏明，李成威，赵大全，王志刚. 关于预算公开的若干问题研究［J］. 经济研究参考，2012（50）.
⑤ 宗禾. 解码政府预算报告2015［N］. 中国财经报，2015-03-07.

体包括以下内容：第一，简短、思想清晰的概要，使阅读者在最短的时间内，对预算报告的总体内容及核心思想有一个清晰的了解与把握。第二，财政支出分析，概括下一财年政府将做哪些事，为什么要做这些事，做这些事需要多少财政资金支持。第三，财政收入分析，在很大程度上取决于未来一段时期国家和地区的宏观经济发展状况。第四，财政收支平衡的分析，主要着眼未来财政收支平衡状况，并对选取该项政策的原因进行详细解释。第五，保障财政支出高效的政策措施，确保预算资金的每一分钱都能花在该花的地方，并能带来长期有效的社会经济影响。①

宗禾（2015）认为，财政部受国务院委托向人代会报告上年预算执行和本年度预算安排情况，既是对预算草案的关键数据、主要财税政策和代表所关注的信息做出说明，同时也是对政府政策及其工作的解读和宣讲，既有利于帮助代表更好地阅读和理解预算，也有利于争取代表赞同和支持政府提出的方针政策。②

（三）关于政府预算报告的框架

马蔡琛（2002）认为，目前政府预算报告的框架由"总结"和"计划"两部分组成。所谓"总结"是对上一个财政年度工作的总结，其内容通过一系列的数字与上年比较，与预算比较来说明预算执行情况的效果；所谓"计划"是本财政年度工作的计划，其内容主要是根据宏观经济政策、考虑本年度经济发展的增减因素，确定预算草案的具体数字及完成预算的主要措施。具体包括三个部分：一是上一年度的预算执行情况，二是本年度预算草案，三是本年度财政改革和管理的工作以及确保完成本年度财政预算的主要措施。③

宗禾（2015）提出，目前政府预算草案包含一系列的政府预算报表及其说明，通常有：全国预算（草案）及其说明，包括一般公共预算表、政府性基金预算表、国有资本经营预算表、社会保险基金预算表等，全方位地反映政府预算的收支规模、结构等情况。还有中央对地方转移支付分地区预算表、中央的部门预算草案及说明。④

---

① 童伟. 让人看得懂的政府预算报告该怎样编写 [N]. 中国财经报, 2014 - 12 - 20.
② 宗禾. 解码政府预算报告 2015 [N]. 中国财经报, 2015 - 03 - 07.
③ 马蔡琛. 如何解读政府预算报告 [M]. 北京：中国财政经济出版社, 2002.
④ 宗禾. 解码政府预算报告 2015 [N]. 中国财经报, 2015 - 03 - 07.

三、人大代表和社会公众对政府预算报告的诉求

近年来,中央和地方政府预算报告的编写不断规范,预算公开范围不断扩大、内容不断细化,但与人大和社会公众的期望还有差距。人大代表和社会公众是政府预算报告和预算公开信息的需求方和使用者,认真听取和分析人大代表和社会公众对政府预算报告以及预算公开的诉求,可以更加有的放矢地完善政府预算报告。

(一)人大代表的诉求

第一,提前并延长预算报告的审查时间。每年"两会"期间供代表参阅的预算资料已有9大本,合计多达上千页,但可供代表审查预算的时间太短,大部分代表进入讨论会场后才第一次看到材料,来不及仔细琢磨,四个小时内不仅要看材料,还要发言,实际上能看预算材料的时间十分有限。许多人大代表认为真正要做到负责任的预算审查,就必须改变时间安排,审查人员应在预算执行之前几个月拿到材料以便于认真系统地思考,并进行细致的了解和认识,才可以提出全面客观的意见。

第二,预算报告内容仍有待细化。具体来看,一是项目支出和其他支出内容不够细化,有偷梁换柱现象,不披露资金具体是怎么使用的。在一些政府尤其是基层政府的预算中,"其他支出"的数额巨大,最高的能占本级支出的40%左右。"其他支出"看不到具体支出用途,奖金补助、吃喝招待等超标费用都罗列其中,加剧了"乱花钱"的风险。二是对于转移支付,有人大代表指出目前还是有部分转移支付存在没有列明支出去向的情况,比如2017年,中央财政对地方的转移支付为65650亿元,其中有11091.22亿元未落实到地区和项目,占总数的16.8%;专项转移支付为21481.51亿元,比2016年的20923.61亿元多557.9亿元,未落实到地区和项目的是6501.99亿元,占比为32.26%。

第三,虽然预算编制大幅细化,但对审核预算的委员来说,仍缺少判断预算是否合理的信息。例如,某个单位列出了工资支出总额,那么审核这个单位的工资支出是否合理,就需要知道该单位的人员数量和具体结构以及各类人员的工资标准。还有代表认为,年度预算表格中可增加反映每项财政资金连续5年的支出数据,便于代表在审议中进行比较。对重点支出项目在纵向同比分析基础上,开

展各地区的横向对比分析,明晰各地区存在的差异,更好地监督重点领域资源投入效果,打造透明财政。

第四,预算审查的专业性、技术性、政策性比较强,而人大特别是地方人大缺少这方面的专门机构和专业人员,可以委托专家等第三方对预算报告进行审查,提交审查报告供代表参考,代表们可以花较少的时间去看懂预算报告,而花更多的时间去讨论预算报告。

第五,制定预算报告的范本和模板。为避免各级财政部门编写报告时在概念、术语、专用词汇、计算口径等方面的"百花齐放"现象,有人大代表认为应在充分借鉴国内外经验基础上,对各省、市、县、乡镇政府财务报表做统一规范设计,建立国家至乡镇的五级预算报告专用表格模板,采用统一的概念、口径、计算方式,表格可设立收入、支出、债务、资产等栏目,各地只需如实填写即可。

(二)社会公众的诉求

第一,预算报告要着重反映预算如何满足民众需求。政府预算对民众需求领域的支出安排及优先排序就是政府对民众意愿的最佳回应,政府预算报告应着重说明政府预算与民众需求之间的关联。另外,政府的长期发展战略也是民众的需求汇集及提升,鉴于此,政府预算报告需要说明为什么公共财政支出重点投向某几个领域,支出决策是基于哪些国家战略、发展规划以及民众的需求而确定的。

第二,明确预算报告中财政资金投入的预期目标和结果。社会公众关注预算报告的很重要的一个初衷,就是希望了解预算资金投入使用以后,政府预期要实现哪些目标,发挥哪些作用,解决哪些问题,能够为老百姓带来哪些实实在在的好处,以及对推动整个社会的进步与发展有哪些作用和益处。

四、当前我国政府预算报告存在的主要问题

通过对政府预算报告的审查部门、编写部门的调查研究,我们总结出当前我国政府预算报告主要存在以下七个方面的问题。

(一)财政部门主动接受人大代表监督的意识需要提高

财政部门在撰写政府预算报告过程中习惯于使用本部门的标准和术语,没有

把让代表看懂、看明白放在第一位,对于代表提出的质疑,往往用"口径"、"涉密"进行解释,难以令人大代表和社会公众信服,财政部门特别是基层财政部门主动接受人大代表监督的意识需要提高。

(二) 政府预算报告的部门色彩浓厚,国家站位不够高

目前的政府预算报告更偏向于财政工作报告或是财务收支报告,过于技术化,给政策报告需要的内容留出的篇幅太少,往往是开篇就谈财政政策,与党中央、国务院的重大发展理念,如"供给侧改革""五大发展理念""三去一降一补"等衔接不够,国家站位不够高,同时也没有充分利用好人代会这个全方位宣传财政工作的时机。

(三) 政府预算报告没有全面完整地反映政府决策部署

近年来,政府预算报告加强了对支出和政策的分析解读,但仍存在线条过粗、内容笼统、缺乏说明、形式单一等问题,且缺少数据支撑,难以获得代表的认可,同时草案说明的细化程度也远远不够。比如,在《关于2016年中央和地方预算执行情况与2017年中央和地方预算草案的报告》的"2016年主要支出政策落实情况"中提到"统一城乡义务教育学校生均公用经费基准定额",但是对于该项政策实施前定额多少,实施后是多少,在多少地方统一了,财政投入多少资金,占教育支出多少比重这些详细的数据支撑信息都没有体现。

(四) 政府预算报告对政府工作报告的支撑不足

政府工作报告中多年强调的内容应在预算报告中得到量化的数据体现,比如近几年的政府工作报告反复提到的"打通农田水利最后一公里"就无法从预算报告中找到反映财政资金是如何落实的内容,那么可想而知这个行业或领域的人大代表往往对预算报告的评价就不会太高。

(五) 政府预算报告编写的基础工作不扎实

一是编写预算报告的部门和工作人员往往不从事具体业务工作,需要的基础资料和数据由业务部门提供,但部分数据出于各种原因实际上没有提供。二是预算编制数的确定是采取"基数+增长"的形式,而不是以实际项目为基础,难以反映政策如何通过财政投入来落实。由于项目预算编制不够准确、细致,对于次年的项目安排往往只停留在概念上,无法细化到执行层面,导致预算编制与真

实情况不相符。

（六）政府预算报告的表现形式单一

与政府工作报告和其他几份同时提交给人大代表审议的报告相比，政府预算报告的表现形式较为落后和单一，缺少图文并茂的表达和对重点问题的专栏说明，表格也只是出现在草案中，而且表格过多，可读性较差。

（七）不同地区预算信息的公开程度存在严重不均衡

虽然政府预算草案报告在信息披露方面存在一些"通病"，但是预算公开程度在不同地区间还存在较大差异。据调查，在财政公开透明排名的前30个城市中，东部占28个，西部和中部分别只有1个，也就是说东部地区在财政公开透明的进程上遥遥领先于中部和西部地区。①

五、完善我国政府预算报告的几点建议

（一）各级政府预算报告编制部门要端正态度，摆正位置

财政部门是政府预算报告的第一责任主体，肩负着编制预算报告的主要责任。然而，各支出部门具体负责预算编制和执行，对财政资金的使用更有发言权，也担负着辅助财政部门编制预算报告的职责。各支出部门的积极参与能够有效减少信息不对称造成的负面影响，如果能在部门预算报告中加上各部门责任人的承诺书和本人签字，更有利于增强预算报告的规范化、科学化程度。财政部门与各支出部门协同完成政府预算报告的编制，共同接受人大的审查，认真回应社会关切，可以有效提高政府预算报告的水平和质量。

（二）提高政府预算报告的站位，促进和保障各级政府施政目标的完成

对于任何一级政府来说，执政的首要任务就是确定施政纲领、明确战略目标，以解决当下最紧迫的社会经济问题。战略与纲领虽然事关重大，但只有被转

---

① 上海财经大学公共政策研究中心.2015中国财政透明度报告［M］.上海：上海财经大学出版社，2015年.

换成具有可操作性的支出决定和财务计划时才具备实现的可能,以战略与纲领引导和约束预算资金的配置,以预算资金的配置反映和支撑战略与纲领的实现,是各级政府施政目标达成的基础与保障。因此,各级政府工作报告中列出的施政方针和改革举措,都应该在政府预算报告中有所体现,通过对二者之间相关性的详细解说,反映预算资源对政府施政目标实现的支持。

(三) 政府预算报告起草过程中要以多种形式征求多方意见

人大代表和社会公众是预算报告的需求方和使用者,要想使预算草案报告得到更多的认同和更高的评价,预算报告的起草过程中不能闭门造车,要"开门"征求人大代表和公众意见,除此之外还应与相关领域专家、社会各阶层多沟通、多咨询。为了取得更好的效果,预算报告编制中的征求意见可以采取多种形式,不仅可以召开小范围座谈会,还可以利用互联网、新媒体等现代媒介公开征求意见。此外,如条件允许还可成立专门的起草报告小组,吸纳各部门工作人员和各领域专家,以翔实准确的数据更全面地反映中央大政方针。

(四) 提高政府预算报告的可读性

审查和使用政府预算报告的人大代表和社会公众绝大部分并不是财政领域的专业人士,预算报告的内容如果太过专业性,显然会增加其理解难度,降低传播能力。因此,撰写预算报告的工作人员要努力改进文风,尽可能做到行文朴实简洁,使报告更接地气,对一些必要的专业性表述,通过后附名词解释加以说明,同时还要加强报告与草案的衔接,做到既能相互对照,又避免不必要的重复。在预算报告全文的基础上,可以考虑增加面向大多数代表的简化预算报告,在简化预算报告中尽量减少使用专业术语,并缩减对于代表们进行投票并不急需的内容,突出重点信息以方便代表们更好地了解政府预算,重点解释理解难度大而且十分重要的信息,从而大大降低非专业人士理解预算报告的难度。

(五) 政府预算报告要采用灵活多样的表达形式

政府预算报告包含大量数据,而单纯的数据往往不能对使用者的大脑产生很深的刺激。对于某些数据,特别那些关键的难以理解的数据,审查者和使用者往往需要花费很多的时间和精力进行反复地查看,才能明白其中的含义。而政府预算报告如采用图示法、专栏介绍等灵活多样的表达形式,比单纯使用文字表达可以更加直观详细地表达重点内容。比如,结合图示能够简明扼要地解释报告中数据，进行分析也会有的放矢，这不仅可以提高预算报告中的可理解性，还能节省代表们大量的查阅时间，提高预算报告讨论效率。此外，还可以采取新媒体等人大代表和社会公众都喜闻乐见的传播手段丰富预算报告的表现形式，比如在预算报告封面添加二维码，人大代表通过扫描二维码就可以随时观看或阅读呈现预算报告内容的视频和文字材料。

（六）加强对地方政府预算报告编写的调研指导和经验总结

政府预算报告的编写水平和预算公开程度在不同地区间存在较大差异，广东、上海、北京等东部地区在预算报告编写和预算公开方面的探索实践可以为全国的改革提供经验。比如，广东省人大常委会曾专门就底线民生问题提前介入预算编制，完善升级财政预算支出联网监督系统，引入第三方对政府重大投资，实行绩效评估监督。再比如，广州市人大常委会在人代会前组织财经委委员、部分代表和有关专家对预算草案进行先行审查，人代会期间安排每个代表团分别专题审查一个部门预算和一个政府投资重点项目预算，要求部门预算单列并细化"三公"经费和专项支出，开展社保资金预算执行专题调研监督。各级政府的预算报告编制和审查部门应在广泛调研和总结先进地区经验的基础上，结合本级政府实际情况进一步完善。

主要参考文献：

［1］陈以勇．看清"账本子"盯紧"钱袋子"北京预算审查监督条例多路加装管财理财新"探头"［N］．中国财经报，2017 - 07 - 06．

［2］杜鑫兰，海燕．阳光下的178页纸［N］．工人日报，2014 - 03 - 11．

［3］凌军辉，毛一竹．地方政府预算报告让人"雾里看花"［N］．新华每日电讯，2013 - 04 - 01．

［4］李亮明．管好"大账本"用好"保底钱"——广东代表团热议政府预算报告［J］．人民之声，2014（04）．

［5］马蔡琛．如何解读政府预算报告［M］．北京：中国财政经济出版社，2002．

［6］孟德成．"国家账本"算明白——从政府预算报告看"透明财政"［N］．中国纪检监察报，2015 - 03 - 13．

［7］苏明，李成威，赵大全，王志刚．关于预算公开的若干问题研究［J］．经济研究参考，2012（50）．

[8] 谭浩俊.政府预算报告为啥"看不懂"[N].中华工商时报,2014-03-01.

[9] 童伟.让人看得懂的政府预算报告该怎样编写[N].中国财经报,2014-12-20.

[10] 沈漠."两会"代表委员:预算报告仍有改进空间[N].财会信报,2015-03-16.

[11] 王玉萍.对提高政府预算报告可理解性的思考[J].西部财会,2011(08).

[12] 杨亮.预算里"其他支出"藏猫腻[N].光明日报,2013-04-11.

[13] 叶青.代表谈财政[M].北京:人民出版社,2017.

[14] 殷泓.预算审查前,先请人大代表提意见[N].光明日报,2017-03-05.

[15] 宗禾.解码政府预算报告2015[N].中国财经报,2015-03-07.

(执笔人:马洪范 孙维)

分报告10：国外政府预算报告与我国的比较分析

预算报告（Budget Reports）有狭义和广义之分。狭义的政府预算报告指的是财政部长于预算日当天向立法机关进行的预算演说。广义的预算报告除了预算演说以外，连同政府在预算编制过程中先后提交立法机关审查的一系列预算文件，包括预算概要（总览）、支出报告、财政改革、分析预测、附录等，共同构成预算报告体系。

一、预算报告相关理论

（一）世界银行关于预算报告的理论

世界银行报告[①]中提到，提交立法机关审查的完整的预算信息应包含预算评估和财政政策评估所需的全部要素，并根据议会立法监管的要求提出拨款计划。同时，还需提交收入、支出和财政决算。支出介绍应分为两部分：一是对需要进行表决的拨款的介绍；二是对以附件形式额外呈现的信息的介绍。对于拨款的估算，部分国家通过"拨款法"授权，部分国家将拨款视为支出分类系统中的一个层次。一些国家预算文件中仅供参考的支出项目（line items）信息多达上千条，增加了阅读难度，因此需要总结性文字（summaries）以增强可读性。最佳数量的界定主要取决于一个国家对于拨款的规定以及政府组织结构的特点。为了更好地介绍拨款，需要添加预算附件和其他文件附件。预算附件包括：功能附件

---

① CHAPTER 3. BUDGET SYSTEMS AND EXPENDITURE CLASSIFICATION.

(近几年来支出的增长情况)、方案附件（尤其涉及到跨部门方案时）、发展项目或计划（发展预算）附件；其他文件附件包括：各部门有关预算政策的描述、绩效指标、多年期项目中长期成本介绍、多年期估算或公共投资计划等。

（二）GFOA 关于预算报告的理论

美国加拿大政府财政官员协会（Government Finance Officers Association，GFOA）是一家集合了多名地方财政官员为会员的非官方财政组织，每年组织地方财政部门在一起交流预算管理先进经验，定期将各地一些好的预算管理方法印刷成册或制成光盘出售，并为政府编制高质量的预算文件及报告提供咨询与技术支持。GFOA 制定的预算文件标准已经被美加两国大部分地方政府所接受。GFOA 建议，预算文件应减少冗余，以更加合理的逻辑关系保证信息表达更加顺畅。GFOA 提出，预算框架分应为六个部分：介绍和概述；财务结构、政策及程序；财务摘要；资产及负债；各部门信息；全文标准（术语表、统计、附录部分）。

根据 GFOA 标准，预算报告作为政府的政策文件以及财务计划，需包含的主要信息包括：1. 一项说明性咨文，在其中应阐明下一财政年度内的政策优先项目和相关问题，并对本预算年度内原定优先项目的重大调整予以说明，详细解释引致调整变化的各种因素；2. 一个概要，在其中列举重要的收入与支出项目，以及其他资金来源和支出用途，用以整体地反映政府预算的资金来源与运用的真实情况；3. 至少要涵盖三年的信息，上年度财政实际收支情况和其他信息、本年度预算或预估实际发生的收支数字，以及再下一年度即建议年度的预算收支数；4. 应对主要收入来源做出预测评估，分析未来增收的潜力和重要的收入变动趋势；5. 应在预算文件的实体部分中反映各项基金余额的预期变化，在提交的预算中要把所有可供拨款使用的各项政府基金余额反映出来；6. 应包括当期债务的数据，说明当期债务水平和法定债务最高限的关系，解释当期债务水平对现行和未来政策操作的影响；7. 应清楚地说明各项预算基金所采用的会计标准，是收付实现制、权责发生制，亦或是其他会计标准。

（三）评述

世界银行、OECD 以及加拿大政府财政官员协会等关于预算报告的内容、制度框架的阐述，其背后隐含的理论逻辑是，推进政府预算的公开透明，这些国际组织甚至试图提出评估政府预算透明度的标准框架，并选用了美国、英国、日本等典型国家来进行预算信息公开的国际比较。世界银行和 GFOA 关于预算报告的理论从不同角度对如何编制一套完善的预算报告体系提出了建议。世界银行强调预算报告的主要内容应明确确定预算管理中的责任;GFOA 从实际操作的角度阐述了预算文件应包含的要素及注重的关键问题。虽然各国预算报告体系没有统一的格式和范本,但这两个机构提供的建议为完善政府预算编制提供了较好的准则,具有一定的参考意义。

二、国外预算报告的演变

预算报告的编制、框架、内容以及公开程度与国家预算管理的发展相适应。预算管理所处的历史阶段与传统决定了政府预算报告的形式与内容,预算报告的演变反过来反映了一个国家预算管理和政府治理的演变。根据国家预算管理先后经历的不同时期,预算报告的编制、框架、内容以及公开程度等相应发生变化。因此,研究一个国家的预算报告应从该国所处的历史制度结构入手。在发达国家,每一次预算报告编制程序及写法的调整都与当时的政治、经济背景密切相关,反映了不同时期预算管理的改革以及权力在行政部门和立法机关之间的重新分配。

美英作为公共预算的发源地,历年预算报告的出台都备受关注。在议会制度产生以前,政府不需要向议会提交预算报告。英国议会制度产生的背景就是为了审查预算报告,因此,英国的议会也叫"钱袋子"议会。议会制度产生以后,其主要职责就是预算审查。不少国家早期的预算报告是不公开的,如日本君主专制时期的预算报告作为国家机密藏在天皇留给皇太子的遗诏中并保管在银制箱子里,仅限于少数大臣能够看到。美国建国初期,联邦、州和地方政府均没有完整的预算制度,各拨款小组委员会对负责领域相关部门的拨款具有较大发言权,预算支出的规模、资金使用方向及其效果也不透明,直至 1921 年哈定总统正式签署《预算与会计法案》(The Budget and accounting Act of 1921),美国才完成了历史上第一个具里程碑意义的预算制度改革,预算报告第一次作为一个独立的文件,以合理的格式、严格的程序和权力等级提交至立法机关审查。1976 年通过《阳光下的联邦政府法》,该法规定,财政预算必须公开,不仅必须公开支出的大项分类,每一个部门的支出分项也必须公开。1985 年的《格拉姆法》以及 1990 年的《预算加强法》的出台进一步巩固了国会掌管"钱袋子"的绝对权力,随着国会通过预算权来约束政府的逐步发展和完善,预算报告的内容不断细化。

随着绩效预算的产生,预算报告的内容再次发生重大调整。当公共预算"从一种保证公共支出的合法性与合理性手段变成一种改善公共部门管理和提高资金使用效益的工具(OECD,2001)"时,越来越多国家的预算报告体系开始涵盖绩效指标的设计。如法国的预算报告"预算导向辩论"(Le Débat d'Orientation Budgétaire, DOB)(预算组织法第48条)分为两卷,第一卷"公共财政的政策辩论准备报告"(DOFP)主要阐述经济前景和政府的财政策略,第二卷专门详细阐述每个计划相关的任务与年度预算计划,以及目标与绩效指标清单。

三、国外预算报告的经验总结

国外预算报告的体例、内容各有不同,通过比较分析主要国家预算报告体系的演变及现状,可以为我们提供以下几点认识。

(一)预算报告不是一份孤立的预算文件,而是一个由系列文件组成的预算报告体系

在西方国家,为了使预算报告易读易懂,便于立法机关审查和监督,预算报告往往不是一份孤立的文件,而是由主体文件和支撑性文件构成的预算报告体系。主体文件预算报告体系的核心,包括预算概要、详细收支计划等。支撑性文件旨在说服议会有关预算法案的必要性和重要性,包括历史预算数据、支出和收入方案的具体信息,以及具有重大预算影响的政策建议和倡议。这些文件先后提交给议会,时间跨度长达数月。以美国2018年预算报告为例,2017年3月份公布的预算简本《把美国放在首位——让美国再次强大的预算蓝图》(America First – A Budget Blueprint to Make America Great Again)[1] 反映了总统预算的部分内容,5月份发布的预算详细版本2018财年预算案(A New Foundation for American Greatness – President's Budget FY 2018)[2] 反映了预算整体情况。另外辅以数

---

[1] https://www.whitehouse.gov/wp-content/uploads/2017/11/2018_blueprint.pdf, Mar, 2017,美国白宫网站。

[2] https://www.whitehouse.gov/wp-content/uploads/2017/11/budget.pdf, May 23, 2017,美国白宫网站。

十页乃至上千页不等的历史表格、附件等支撑性文件,共同构成2018年预算报告体系。英国《2017年春季预算》(Spring Budget 2017)① 也是由一揽子预算文件组成,同样包括概要版和完整版,短至几页,长至数十页。日本预算报告体系包括年度预算重点、年度预算框架、一般会计收入支出预算、财政状况、分类预算重点、财政部长的财政演说等十余份文件。新西兰预算报告体系包括预算演说和财政策略报告、预算经济和财政快讯、主拨款估算、拨款估算支持信息以及各部门的目标报告。

(二)各国预算报告没有统一的范式,但各自报告形式相对固定

国外预算编制及预算报告的形式和内容多以法律形式固定,且相对稳定。如美国1921年的《预算与会计法案》就规定,总统要"以如此形式和如此详细程序"编制预算。长期以来,总统预算报告的形式没有因总统的变更而发生大的调整。预算报告作为政治性文件逐渐适应总统的需要,总统通过预算报告提出联邦年度财政政策、联邦征税与支出之间的战略安排以及各笔征税、支出的总体计划。克林顿总统时期的预算报告的四个主体文件《年度预算》《附录》《分析和展望》以及《预算体系与概念》沿用至今。美国2017年预算报告的主体文件仍包括《年度预算》《分析和展望》《附录》,与克林顿总统时期的预算报告有所不同的是,增加了《历史报表与数据》《联邦信贷补充文件》《公共预算数据库》等若干支撑性文件。日本的预算报告形式也相对固定,《财政状况》《一般会计收入支出预算》等几个主体文件每年不变。

(三)各国预算传统不同,预算报告的侧重点也有所差异

预算报告的具体内容和该国家的预算传统密切相关。以美国为代表的多数国家的预算报告以支出预测为主,而英国则比较特殊,英国的预算报告内容以税收及税制改革为主,以大量篇幅阐述税收以及税制改革,如个人所得税、企业所得税等现有税种的税率设置及税制改革方案等。这与英国预算传统密切相关。英国预算历史上通常指财政部长向议会提交的收入提议,其中支出预测在议会及所有委员会审议之前已经被列出。这种历史理念的有限内涵在一定程度上导致了议会仅仅寻求严格批复税收而并未立志于控制政府支出的行为。这一传统延续至今,以英国2017年春季预算为例,一共五章内容中有一章专门讲税收(第三章)。

---

① HM Treasury,Spring Budget 2017,March 2017,英国财政部网站。

除此以外,支撑文件"税收立法和税率概览"(Overview of tax legislation and rates,OOTLAR)中还详细列举了当年预算报告中公布的税收政策措施清单、相关影响、立法时间表以及税率表等。

(四) 预算报告必须明白易懂,政策和支出计划相互呼应

在发达国家,增加预算的要求不能凭空提出,需要以财政状况以及合理的理由为依据。预算报告中除了阐述政府的财政收支计划,更多的篇幅是在阐述预算收支安排的依据,抓住预算安排的重点在报告中突出反映。发达国家的预算报告内容一般围绕国家面临的经济环境,总结以往政策的成效,阐述新的财年以及未来经济和财政政策重点或方向,进而阐述细化的在下一年度预算各个领域、各项支出和收入的具体建议。可以说,内容从战略层面到战术层面,从概括到具体,条理清晰,层层递进。

2018年美国预算报告阐述了美国面临的内外经济环境,描绘了美国的未来蓝图(2018年及以后),同时还反映了联邦政府各部门对各种联邦计划的优先排序,包括重要与不重要的联邦项目、需实施的联邦项目与资助的资金规模、自主性支出的削减情况以及各个政策对应的支出情况。支出报告按功能分类,每一个部门的支出被划分为三个部分:政府经常性支出、对地方政府的补助和资本项目支出。逻辑清晰,通俗易懂。日本的预算报告也是如此,以2017年日本中央政府预算报告为例,主要阐述了2017年财政政策的基本考虑、总体的收支情况、2017财年预算及税制改革,围绕这些政策目标的实现,需要采取的措施、增加的项目或支出等。政策和支出计划一一对应,清晰明了。

(五) 预算基础数据积累越扎实,预算报告的分析预测越详细、准确、科学

比较发达国家的预算报告,可以发现部分国家的预算报告中分析预测做得较好,如美国。这与美国采用的预算编制方法以及扎实的预算基础数据积累有关。美国预算编制的特点是采用基线预算。所谓"基线",是假定预算年度的法律和政策不变,测算政府预算收支基线,预算基线确定后,再测算新法律和经济状况对预算收支造成的影响,从而计算出新财年的预算收支。用这种方法编制预算,预算分析预测显得尤为重要。安排预算时要对这些影响进行具体测算,甚至要对法律变化进行逐条测算。也因如此,美国每年的预算报告文件中都包含《分析和展望》。

另外,美国预算编制重视对未来的预算估计,预算报告"是一个关于未来政府支出的计划，而不是事后的报账"①。预算报告的基础数据包括上年数据、当年数据、预算年度数据以及预算年度以后年度的数据。美国预算表中上年（2016年）所列数据一般表示机构账户中的实际收支及差额数，或财政部年度预算报告中的汇总数。当年（2017年）所列数据包括递交预算报告时估算的收支及差额数，包括对当年的拨款数。这一列还反映补充拨款和取消拨款的情况。预算年度（2018年）所列数据包括估计可支配的收支及其差额数，反映在现行授权立法中新的预算授权，也即根据新的授权立法和税法所产生的预算预计数。美国的预算报告同时包括至少4年的情况，反映更长时期的预算决策。20世纪90年代的预算报告中包括预算年度上上财年的实际数、上财年的预估数、预算年度以及以后五年的预估数。而目前，美国预算报告列示预算年度之后长达10年的数据，目的是要反映预算决策对长期目标和计划的影响。

（六）预算报告中的支出有增有减，和部门预算契合度高

国外预算报告反映出，预算从来不是只增不减的，而是根据合理需求有增有减。美国预算报告中不仅阐述新实施的政策和增加的相关支出，还要对准备取消的政策及相应削减的支出进行说明。另外，除了阐述总预算，还详细列示部门预算，将总预算切块到各个部门（agencies），每个部门对应各个部门职责范围内的政策，每个部门对各自部门的政策负责。以农业部为例，从农业政策的制定到农业业务领域的支出全部由农业部负责，真正实现从政策制定到支出编制、执行一体化。预算报告中详细阐述了农业部的职责、新财年的预算、较上年的变化、新财年要实施的政策及所需支出的金额等。瑞典的预算报告也将预算分为27个支出领域，每个支出领域都对应一个部长为这笔支出负责。当然，这些国家的预算报告和部门预算契合度高同这些国家实行了"宽职能、少机构"的大部制有关，充分显示了大部制的优势。只有真正实行了大部制，才能实现责任、义务和支出都由一个部门负责。而从实践来看，大部制不是一步到位的，大多国家都经历了一个机构整合、形成框架和逐步完善的过程，在市场经济成熟、政府职能相对明确定型后才有条件实行大部制。真正实行大部制以后，才能做到预算报告和部门预算相对吻合。

---

① 弗里德里克·克莱文兰. 美国预算观念的进化 [M] . 1915.

四、国外预算报告和我国的比较与启示

我国实行部门预算改革后,预算编制越来越科学,报送全国人大的预算材料也在不断调整、细化,预算报告增加了各类图、表、名词解释,预算草案逐步增加了各类重点支出表,预算进一步细化,每个部门的预算都是厚厚一本。但如何将这些内容浓缩精炼在政府预算报告中突出反映预算安排的全貌,让外行看得懂内行看得透,需要研究。对比国外预算报告可以发现,由于政治体制、经济发展水平不同,我国预算报告和国外预算报告在行文方式、逻辑结构、重点内容等方面存在一定的差异,发达国家的预算报告的写法可为我们提供若干启示。

(一)发达国家预算报告是集政策性文件、财务计划于一体的预算文件,而我国现行预算报告是单纯的财务性报告

根据 GFOA 建议,预算报告不仅是一份财务性报告,首先它应是一份政治性或政策性文件。也就是说预算报告最基本的要求是阐述政策,突出政府的现阶段的工作目标和重点,并从历史的角度解释这些工作目标和重点较往年变化的原因。正因为此,国外的预算报告利用较大篇幅阐述政策,是兼具政策文件与财务计划的综合性报告,而我国预算报告采用报账式写法,通读下来给人的感觉更像是单纯的财务报告,政府年度计划、对未来的想法分别体现在政府工作报告与国民经济和社会发展计划执行情况与国民经济和社会发展计划草案报告中。换言之,我国的政府工作报告、国民经济和社会发展计划执行情况与国民经济和社会发展计划草案报告、预算执行情况和预算草案报告三者结合才近似于国外的预算报告。十八届三中全会提出财政是国家治理的基础和重要支柱,而目前的预算报告的形式与内容未能从国家治理的高度反映财政的职能和任务,只反映了财政的"财"的职能却未体现"政"的作用。建议完善当前报账式预算报告的写法,在新《预算法》规定的预算报告的基本框架下将政策和收支计划更好地结合起来,有所改进和创新。但需注意,前提是必须处理好预算报告与政府工作报告、与国民经济和社会发展计划执行情况与国民经济和社会发展计划草案报告的关系。如果三者的关系没有处理好,预算报告则无从改起。因为如果预算报告和国外的预算报告一样着重阐述政策,那么现在的政府工作报告、国民经济和社会发展计划执行情况与国民经济和社会发展计划草案报告该分别阐述哪些内容将会成为新的

问题。

（二）发达国家预算报告是重视财务连续性的多年度报告，而我国预算报告是一个单年度性报告

美国国家州与地方预算顾问委员会（National Advisory Council on State and Local Bud‑getting，NACSLB）提出，预算应具有前瞻性，而不是简单地只关注单年度的收支平衡，鼓励政府考虑行动的长期后果。纵观发达国家的预算报告，多为具有财务连续性的多年度报告，而我国的预算报告则是一个单年度性报告。国外预算报告重视对未来收支的预测，报告从历史纵向角度列示比较各个预算年度的财政数据，一般包括上一预算年度的实际收入和支出、当年预算年度预算执行或预计情况、下一预算年度预算预测情况，至少三年甚至更长时期的预测数据。通过对比多个年度的预算数据，使读者对预算变化情况一目了然。而我国目前的预算报告从内容来讲，虽然列举了收入总额、支出总额、主要的收支项目以及完成预算的实际情况，但未列出上一预算年度的详细数据，也未列出今后未来两年甚至更长时期的预测数据。建议今后可在完善基础数据积累的基础上增加预算报告中具体数据的年度连续性。

（三）发达国家预算报告多采用整体渗透式写法，而我国预算报告则以板块结合式写法为主

我国目前的预算报告从内容分块来说，是将当前预算年度的预算执行情况与下一年度的预算安排两部分内容分别摆放，预算执行情况报告和预算草案报告各自独立，篇幅相当，这种写法称为板块结合式写法。虽然近年越来越多地方尝试采用整体渗透式写法，但总体而言，我国预算报告的写法一直以来仍是以块结合式写法为主。这种写法的优点是层次比较清晰，但也有缺点，即读者难以对数据罗列部分和文字描述部分建立起一一对应关系，对具体支出数据和重点政策之间的联系不清楚，以至于有些项目细化至好几级了也看不出究竟用于哪些方面，甚至一些对财政工作有一定接触和了解的政府官员或大学教授都称看不懂。预算报告不是财政部门的预算报告，而是整个政府部门的预算报告。人大代表能够对预算报告进行深入审议和有效监督才能体现财政在国家治理中的基础和重要支柱作用。建议可借鉴国外预算报告的整体渗透式写法，突出预算报告和政府相关规划的相关性，即将预算收支总体情况及具体支出项目的具体数据和政府的主要目标、工作重点、预算说明等问题结合进行阐述，做到数据和政策紧密结合，相互对应，使代表对预算资金"钱从哪里来，用到哪里去"的内在联系有更深入的认识。但不可否认，整体渗透式写法同样存在缺点，即为了全面反映政府预算的全貌，往往后面需要附大量的预算表格，而阅读表格对读者的专业背景要求较高。人大代表来自社会各领域、各阶层，本身并不一定对预算工作熟悉，这种情况下预算审查流于形式的风险可能更大。

（四）发达国家预算报告编制过程中注重与立法机关、公众之间的互动，而我国编制过程中与社会各界的互动有待进一步加强

GFOA 提出，预算报告除了具有政策性文件和财务计划的作用，还具有交流工具的作用。在发达国家，预算报告的编制不是一个封闭、不透明的过程，从预算编制伊始至预算报告提交立法机关正式审议表决整个过程中，预算工作的进展以及形成的预算文件及信息均被披露至政府官方网站，并留有相关部门负责人的联系方式以供社会各界质询和监督。整个预算编制过程中预算编制部门和立法机关的互动过程展露无遗。在部分国家，甚至对立法机关审议预算中激烈讨论的过程进行实时电视直播。而在我国，虽然预算报告内容反映的明细程度、公开程度和易读易懂方面每年都有新的进展，预算内容披露的详细程度也不断提高，但预算编制工作的过程对于普通大众来说仍旧是不透明的，相关部门对历年人代会中代表们针对预算报告提出的较为密集的转移支付等热点问题也缺乏足够的重视和诚恳的回应，导致代表们对政府预算管理不透明的不满反映至预算报告的表决中，情绪性地投反对票。一定程度上人大代表并非对预算报告本身有意见，而是对预算编制及预算信息的不透明有所不满。因此，建议借鉴国外经验，从预算编制伊始密切和人大代表的沟通联系，增强预算透明度，继续加强收集、整理、总结代表意见，高度重视公众关切的热点问题，建立相应的回应与沟通机制，以换取社会各界的充分理解和支持。

主要参考文献：

［1］外国政府预算编制研究课题组编制．美国政府预算编制．中国财政经济出版社．2002 年 10 月．

［2］马蔡琛．如何解读政府预算报告．中国财政经济出版社．2002.

［3］廖晓军．国外政府预算管理概览．经济科学出版社．2016.

［4］Making the Budget Document Easier to Understand. http：//www.gfoa.org/making‐budget‐document‐easier‐understand. 2017.

［5］http：//www.ala.org/advocacy/advleg/advocacyuniversity/budgetpresentation/making_ the_ presentat/qualities. 2017.

［6］美国白宫网站.

［7］英国财政部网站.

［8］日本财政部网站.

（执笔人：景婉博）

后　记

2017年"两会"期间，财政部肖捷部长提出"研究改进预算报告的写法"，要求中国财政科学研究院（以下简称"财科院"）翻译介绍一些发达国家预算报告的写法和经验。3月19日，刘尚希院长电话通知我，由我带领外国财政研究中心成员完成部领导布置的此项任务。

在随后的两个月里，我组织中心成员翻译介绍了英国、德国、美国、加拿大、澳大利亚、日本、韩国等七个国家政府预算报告的框架、内容和主要做法，以签报的形式上报财政部部领导，多次获得肖捷部长、戴柏华部长助理的肯定性批示。

5月1日，戴柏华部长助理在《德国联邦政府预算报告的框架和主要内容》一文的批示中指出："翻译介绍发达国家的预算报告，不仅对于改进我国预算报告的写法，而且对于我们改进完善预算编制和管理都是有意义的。可考虑在翻译的同时，组织力量对有关国家预算编制和管理可资借鉴的经验进行分析和研究，适当时候可汇编出版。"

5月底，财科院院领导决定将此项任务列为外国财政研究中心2017年计划课题，以《国外政府预算报告比较研究》为题深化现有研究，尽快形成国外预算报告特点特色的比较研究，从不同维度揭示预算报告的功能作用，形成若干篇"研究性"的报告。

按照财政部、财科院两级领导的指示和要求，我带领中心成员细化研究提纲，明确研究分工，从理论基础、历史沿革、主要做法、启示和借鉴等方面开展调查研究。2017年8月28日上午，我与课题组成员赴全国人大预算工作委员会调研学习，预决算审查室何成军主任亲切接见了我们，深入交换了对此项课题研究的意见和看法，申鹏处长、师静副处长、卢凌波副处长分别介绍了我国近些年政府预算报告工作开展情况以及遇到的主要问题，为课题的深化研究提供了有益指导和帮助。

为实现理论与实践的有机融合，2017年10月，在财科院领导及科研组织处的支持下，我提出由外国财政研究中心牵头，联合北京、广东、河北、河南四省及焦作市财政部门共同开展《我国政府预算报告的写法与改进》协作课题研究，得到了四省一市财政厅局领导的积极响应，并在郑州（2017年11月28日）、石家庄（2018年3月30日）举行了协作课题调研和座谈会，为我们深化国外政府预算报告比较研究提供了坚实的国内实践基础。

在课题报告撰写、修改和定稿过程中，我们得到了财科院学术委员会各位领导及财科院智库丛书三位评审专家的悉心指导，为完善课题大纲、中期报告、结题报告及修改成书等提出了很多宝贵的意见和建议，我们一并吸收并体现在最终的研究成果之中。傅志华副院长高度重视此项课题研究，全程给予了详细指导，并亲赴石家庄实地调查研究，为课题组克服困难、深化研究提供了诸多帮助。

本书是在过去一年开展研究的成果基础上，进一步修改撰写而成，是外国财政研究中心的集体研究成果。总报告由马洪范主持和总纂，分报告1（英国）、3（美国）由李欣执笔，分报告2（德国）、8（香港特区）由于雯杰执笔，分报告4（加拿大）、5（澳大利亚）由刘翠微执笔，分报告6（日本）、7（韩国）和10（中外比较）由景婉博执笔，分报告9（国内调研）由马洪范、孙维执笔。

在2018年"两会"上，我们惊喜地发现，财政部提请十三届全国人大一次会议审查《关于2017年中央和地方预算执行情况与2018年中央和地方预算草案的报告》的写法、形式与内容发生了六大可喜变化：一是预算报告对政府工作报告的支撑性显著增强；二是预算执行情况进一步细化；三是结构上增加了"2018年财政收支形势分析"；四是预算报告更加亲民，易读易懂性增强；五是预算报告增添多处二维码图片；六是预算报告的国家治理站位鲜明。在这些改进中，也有我们研究成果的贡献。

下一步，按照2014年《预算法》修正案、党的十九大报告关于"加快建立现代财政制度"的具体论述以及《关于人大预算审查监督重点向支出预算和政策拓展的指导意见》等对现代预算制度提出的要求，我国政府预算报告仍有改进和完善的空间。可以预期，继续改进和完善我国政府预算报告的写法，对于推进我国预算制度改革和加快建立现代财政制度具有重大而深远的意义。

外国财政研究中心　马洪范
2018年5月29日